VICES
DU
GOUVERNEMENT
DIT
CONSTITUTIONNEL,
DÉMONTRÉS PAR LES FAITS;
ET
THÉORIE
DE LA
VÉRITABLE MONARCHIE.

Tiré à 500 exemplaires.

VICES

DU GOUVERNEMENT

DIT

CONSTITUTIONNEL,

DÉMONTRÉS PAR LES FAITS ;

ET

THÉORIE

DE LA VÉRITABLE MONARCHIE.

Dédié à la Jeune France.

Par l'Antidoctrinaire.

B. D. R.

RECTÈ.

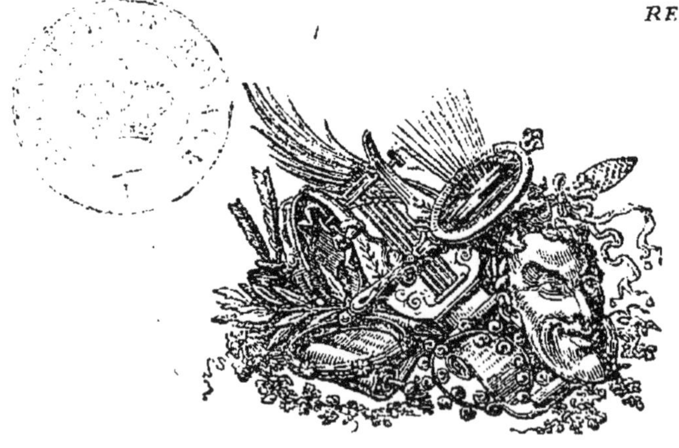

BELLEY.

IMPRIMERIE DE J.-B. VERPILLON.

1835.

Introduction.

Parmi les combinaisons politiques essayées depuis 1789, ou proposées depuis cette époque, nous n'en avons distingué

Aucune qui, recherchant les effets naturels de la volonté générale franchement consultée, démontrât qu'elle est génératrice de la monarchie, plutôt que de toute autre forme de gouvernement.

Aucune, qui ne fît du titulaire de la Royauté, tantôt un mannequin impuissant, tantôt un maître absolu.

Aucune, qui ne présentât quelque fastueuse superfétation propre à susciter des embarras à l'autorité Royale, sous le prétexte de la fortifier; ou des ennemis aux libertés publiques, sous le prétexte de les défendre.

Aucune qui, pour neutraliser la disposition des agens de l'autorité à l'exercice de l'arbitraire, indiquât un moyen aussi facile qu'efficace, à l'effet d'assurer à chaque individu, la compensation immédiate de la violation de ses droits.

Aucune qui, prenant les intérêts publics à leur racine, en élevât l'administration jusques aux marches du trône par les moyens les plus économiques, et les moins compliqués.

Aucune qui, associant le vœu des administrés aux droits du prince, plaçât la conservation de tous les intérêts sous la double protection d'administrateurs issus du choix des administrés, et de la Royauté libre et puissante.

Aucune enfin qui, faisant intervenir un nombre plus considérable de mandataires des contribuables, pour accepter ou refuser les lois proposées par la Couronne, sauvât celle-ci du danger des collisions, et les Mandataires du danger de toute violence.

Tels sont les problêmes, dont nous avons dû chercher la solution comme essentielle à la conciliation durable de tous les intérêts; et nous avons pris pour règle, dans cette recherche, les principes déposés par LOUIS XVI dans sa déclaration du 23 Juin 1789, à la séance des Etats généraux convoqués par lui.

C'est dans cette déclaration que se trouve le type du gouvernement le plus parfait que des hommes raisonnables puissent désirer (1).

Il est bien entendu, cependant, que nous ne prétendons pas faire revivre les institutions alors existantes dont cette déclaration provoquait, elle-même, la réforme ou les modifications.

Partisans sincères de la République qui désirez jouir de la plus grande liberté possible ! ne cherchez point, hors du type précité, l'objet de vos vœux ! La démocratie que vous rêvez est impratiquable parmi les hommes ; et c'est J.-J. Rousseau qui vous l'a dit dans son Contrat-Social, liv. III, ch. IV.

Partisans de la Monarchie dite constitutionnelle ! l'analyse historique que vous trouverez ci-après, et dont vous ne pourrez consciencieusement contester l'exactitude, démontre que les peuples qui subissent *ce Gouvernement sont dupes et victimes d'une insolente déception*.

Partisans de l'absolutisme ! vous croyez pouvoir trancher toutes les questions d'ordre social, avec l'arbitraire, fondé sur *un droit équivoque*.

C'est ainsi qu'Alexandre, en tranchant le nœud gordien, crut accomplir l'oracle qui promettait l'empire de l'Asie à celui qui dénouerait ce nœud ; mais l'espérance d'Alexandre fut trompée : l'Asie n'était pas limitée à la course de

(1) Voir cette Déclaration à la fin.

ce prince sur quelques lisières de cette partie du monde, et son empire n'était pas promis à celui qui trancherait le nœud, mais à celui qui le *dénouerait*; emblême ingénieux qui recélait une pensée juste et profonde; savoir :

Que l'EMPIRE est dévolu à la supériorité de l'intelligence, appliquée à l'art de résoudre les difficultés.

La violence peut quelquefois s'emparer de l'Empire, mais elle ne réussit pas à le garder; et l'éléphant domestique donne, à ce sujet, de grandes leçons.

Il soumet sa force gigantesque à la direction d'un cornac et se plie à la supériorité de son intelligence, tant que celui-ci ne le maltraite pas; car, en ce cas, il oppose violence à violence et fait de son conducteur imprudent sa victime. Est-ce pour s'affranchir de toute soumission à l'intelligence? Non. On a vu, dans le Décan, un éléphant tuer son cornac à la suite d'un mauvais traitement : la femme du cornac désespérée jette aux pieds de l'animal encore furieux ses deux enfans et lui dit : « puisque » tu as tué le père, tue encore les deux enfans » et leur mère. » L'éléphant se calme, semble réfléchir et prenant, avec sa trompe, l'aîné des enfans, le place sur son dos, l'adopte pour cornac, et ne voulut jamais en souffrir d'autre (1).

(1) Voir l'art. Eléphant dans Buffon et Valmon de Bomare.

Il y a là *pour une Nation une singulière analogie*, et peut-être *un grand enseignement.*

Il n'y en a pas moins *pour les Princes.*

Chargés du gouvernement des peuples, ils ne sauraient trop se pénétrer de la nécessité d'apporter dans cette direction les règles de la plus stricte justice ; car la justice est le besoin de l'homme, encore plus que de l'éléphant, et si ce dernier a été doté par la nature d'une force colossale propre à faire respecter, par son conducteur, son droit à une direction équitable, l'homme en unissant sa force à celle de ses semblables trouve aussi le moyen de faire respecter ce même droit.

Ordinairement, cette union est lente à se former ; mais elle s'effectue à la longue.

Les Révolutions ont toujours des causes plus éloignées que celles apparentes.

Certes LOUIS XVI était bien innocent des causes qui amenèrent la révolution de 1789 ; le feu couvait depuis long-temps sous la cendre ; et l'explosion fut d'autant plus violente, qu'elle avait été plus lente à se manifester.

Celle de 1830 n'eut pas sa cause unique dans les Ordonnances de CHARLES X, tant s'en faut ! Ces deux princes ont été victimes de causes qui leur étaient bien étrangères.

Quand un édifice est lézardé de toutes parts, ou qu'il pèche par sa base, les moindres secousses suffisent pour le renverser.

La monarchie était lézardée sous Louis xvi, et n'avait qu'une fausse base sous *Charles x*; les architèctes appelés pour la soutenir, l'ont deux fois renversée.

C'est maintenant un édifice mal relevé, aussi fragile qu'une décoration de théâtre, et chaque jour en développe la preuve. Le temps paraît venu d'examiner les matériaux propres à sa reconstruction et de fouiller les fondemens sur lesquels la monarchie peut être solidement rassise.

Nous nous proposons d'aborder franchement les questions les plus délicates de l'ordre social, en commençant par la source de la souveraineté.

A l'époque présente et sous l'empire de la liberté de la presse, toute réticence est dangereuse et ne fait que donner des armes aux dissidens.

Quand la politique s'agite dans tous les lieux publics, dans les casernes et descend jusque dans les échoppes, il faut apprendre à ceux qui s'en occupent sans instruction suffisante et sans expérience du passé, à distinguer l'erreur de la vérité.

Reculer devant la discussion, serait faire suspecter la justice de la cause que l'on préfère.

Celle de la véritable monarchie est trop belle pour ne pas triompher, en définitive, de tous ses antagonistes et ne pas en faire des amis.

Ce Gouvernement-Modèle a été faussé bien

avant le sciècle dernier, par la plupart des ministres dépositaires de l'autorité royale.

Sully est, à vrai dire, le seul qui en ait bien compris les droits et les devoirs.

Richelieu s'est fait admirer par l'énergie de son caractère; *Mazarin* par la souplesse du sien. Ils ont été démesurément prônés par des enthousiastes plus superficiels que méditatifs, et les échos répètent encore leurs louanges.

Si tous deux pouvaient reparaître hors du théâtre qu'ils ont occupé, ils reconnaîtraient probablement qu'ils ont préparé des événemens dont ils ne se doutaient guères; ceux-là connaissent bien peu l'esprit de leur siècle qui supposent que les moyens qui ont réussi à ces deux ministres sont encore praticables!

Combien de gens ont cru, sous la verge impériale, que l'esprit de liberté était à jamais étouffé! Ils ignoraient que les passions s'alimentent par les obstacles, et ne s'éteignent que par la jouissance.

En 1814, après quinze ans de silence, on vit éclater immédiatement, non pas seulement l'amour d'une liberté raisonnable, mais celui de la licence; réaction morale toute aussi naturelle que celle d'un ressort puissant comprimé à grands efforts et qui, ramené sur lui-même au moment où les efforts s'épuisent, brise souvent la main qui croyait s'en rendre maître.

Tous les gouvernemens despotiques présentent de fréquens exemples de ces réactions, et quand on en a vu de pareils dans la monarchie, c'est que ce gouvernement avait été dénaturé par les ministres ; et que les conditions de son existence avaient été faussées.

VICES
DU
GOUVERNEMENT DIT CONSTITUTIONNEL,
Démontrés par les Faits;
ET
THÉORIE
DE LA
VÉRITABLE MONARCHIE.

CHAPITRE I.er

Source de la Souveraineté.

Depuis près d'un demi-siècle, la source de la souveraineté a été en France le prétexte des plus violentes usurpations; aussi est-elle devenue l'épouvantail des amis de la tranquillité publique et un sujet de controverse très animée, selon la manière de concevoir la meilleure organisation sociale.

Toutefois les événemens se sont succédés, abstraction faite de toute solution nette d'où l'on peut tirer cette conséquence que les questions politiques se décident par les passions, quand les principes sont problématiques dans l'esprit des peuples; et que les sociétés ne reposeront sur des bases solides, que lorsque la conviction générale se portant au secours des principes contre les ambitions personnelles opposera, à celles-ci, sa toute puissante égide.

Alors la force matérielle et la force morale ayant un esprit commun, toutes perturbations sérieuses deviendront aussi impossibles qu'elles doivent rester fréquentes, tant que ces deux forces auront un esprit opposé, ou même incertain.

On peut se rendre compte de la puissance de cette union, en se rappellant les prodiges de résistance de la Vendée : un seul département, d'une population moyenne a pu lutter, long-temps, contre des armées souvent renouvelées; il a été comprimé, mais sa force morale n'a jamais été *vaincue*.

La même observation s'attache aux premiers triomphes de la France, sur la coalition de toute l'Europe.

La Vendée combattait *pour sa croyance politique et religieuse*.

La France *pour son indépendance*, de 1792 à 1795.

En 1814 et 1815 l'union de la force morale et matérielle ne subsistait plus : la France ne savait si elle combattait pour son indépendance, ou pour la consolidation du despotisme impérial. Cette incertitude facilita l'invasion de son territoire : si les puissances eussent voulu la partager, elles auraient redonné de la vie à l'union interrompue, et leurs armées auraient fini par trouver en France leur tombeau.

On voit, ainsi, combien il importe que les convictions soient fixées; puisque leur force morale survit à tous les désastres matériels.

Il est peut-être moins difficile qu'on ne croit, d'établir un évangile commun entre les partis en apparence les plus opposés et de montrer, par exemple, aux royalistes comme aux républicains amis des libertés publiques, que leurs divisions ne reposent que sur des malentendus, ou de frivoles préventions.

Ceux-là se trompent évidemment qui reportent la cause de toutes nos catastrophes au respect du principe qui fait sortir *la souveraineté de la volonté générale*.

Ces catastrophes sont, au contraire, toutes provenues de la violation de ce principe; et cette assertion tire ses preuves manifestes des faits les plus évidens.

En 1789, les Français inscrits aux rôles des contributions nomment, dans chaque baillage, des députés chargés de concourir à la réforme des abus.

Ils expliquent leurs vœux dans des cahiers.

Y a-t-il un seul Français qui ait exprimé dans ces cahiers le vœu de retirer à Louis XVI l'exercice de la souveraineté ? *Pas un !*

Cependant, ces députés séduits par de fausses théories, au lieu de rester fidèles à leurs cahiers, les foulent aux pieds : ils s'arrogent le titre de *Représentans du peuple* et *l'initiative des Lois*, se dissimulant que ces *ATTRIBUTS sont indispensables à la conservation* de la royauté, et ne peuvent appartenir qu'à elle dans une monarchie.

Ont-ils, par cette usurpation insigne, respecté la volonté générale ?..... *Non. Ils l'ont* VIOLÉE!

En 1830, une faction abuse de certaines circonstances, excite une émeute à Paris, et triomphe de la force publique mal dirigée. Les ambitions s'agitent, on profite d'un désordre local pour parler au nom du peuple, et renverser une dynastie. Le parti vainqueur, a-t-il respecté, dans cette circonstance, la volonté générale ? *Non. Il l'a* VIOLÉE ! Et il a si bien eu la conscience de cette violation qu'il n'a pas osé consulter le peuple sur la question de savoir s'il approuvait ou désapprouvait les actes de l'hôtel-de-ville de Paris.

Il est donc évident que la volonté générale a été méconnue ou violée dans les deux crises les plus importantes de nos débats politiques ; et il serait facile de prouver également que, dans aucune circonstance quelconque, elle n'a été respectée.

On ne voit donc pas quel avantage résulterait pour la stabilité de l'ordre social, de nier que la volonté générale soit la source de la souveraineté, et de laisser l'opinion flottante sur la justesse de ce principe ; car, dans ce cas, les masses indifférentes laissent au premier venu le droit d'usurpation, auquel elles s'opposeraient dans le cas contraire.

Si la source de la souveraineté n'est pas dans la volonté générale, où serait-elle ? dans l'adresse, dans l'habileté, dans les circonstances ; mais l'adresse est toujours relative, jamais absolue, conséquemment toujours exposée à fléchir devant une plus grande adresse ; il en est de même de l'habileté, des circonstances ; toutes ces bases sont, au fonds, plus variables, plus mobiles, plus précaires que la volonté générale religieusement interrogée et respectée (1).

Nier un principe, parce que le mensonge l'a défiguré, parce que sous ce travestissement il est devenu l'instrument des factions, ce n'est pas assurément tarir la source des perturbations, mais en ajourner le renouvellement : c'est fournir au mensonge de nouveaux moyens de perturbations, toutes les fois que les circonstances redeviendront favorables.

Nous avons montré par les faits, que tous nos désordres, au lieu d'avoir eu pour cause le respect de la volonté générale, n'étaient dus qu'à sa violation : serait-il donc déraisonnable d'en conclure que pour tarir la source des désordres et en prévenir à jamais le retour, le problême le plus important à résoudre serait de trouver un moyen rationnel de constater franchement cette volonté ?

Nous nous occuperons de chercher cette solution, parce que, dans notre opinion consciencieuse, et quel que soit le préjugé contraire, la volonté générale nous paraît un élément naturel d'ordre.

En effet, comme elle se trouve dans l'impossibilité manifeste d'agir collectivement, par l'effet de la divergence des opinions individuelles ; il faut, de toute nécessité, pour qu'elle puisse produire une action utile aux associés, que

(1) Le célèbre moraliste Nicole reconnaissait que cette volonté était la source de tous les Gouvernemens. (Voir ses Pensées).

ceux-ci choisissent un ou plusieurs chefs qui agissent dans l'intérêt commun, et prennent la direction générale, autrement dit, qui gouvernent; car, quoique la source de la souveraineté soit dans la volonté générale, ou si l'on veut dans le peuple, il est bien évident qu'un peuple ne peut jamais exercer lui-même la souveraineté, autrement que pour la déléguer à un ou à plusieurs magistrats.

Il n'y a point, il n'y a jamais eu, il n'existera jamais de société dont tous les membres interviennent dans le maniement des affaires communes pour le conseil et pour l'action; condition nécessaire pour que ce peuple exerçât la souveraineté avec toute la latitude que certains théoriciens désireraient.

Cette sorte d'intervention ne peut avoir lieu qu'entre des flibustiers, des pirates ou des bandits qui se concertent pour une expédition temporaire et qui se séparent après le partage du butin.

Source de la souveraineté; un peuple ne peut l'exercer que *pour s'en dessaisir* et *la déléguer*.

Un peuple exerçant la souveraineté autrement que pour la déléguer est une conception fantastique, *un être idéal*.

Tout ce qu'il peut faire au moment où il délègue l'exercice de la souveraineté selon les lois existantes, c'est de se réserver le droit d'accepter ou de refuser les Lois nouvelles qui devront le gouverner.

Mais dans ce cas il n'agit plus comme souverain; car, quand il est consulté par un ou plusieurs magistrats, c'est que ceux-ci sont déjà investis de l'exercice de la souveraineté.

Ce n'est pas la délégation de cet exercice qui est en question c'est un autre intérêt.

Que le peuple accepte ou refuse la loi proposée, il agit bien comme partie intéressée dans la question, mais non comme souverain.

S'il se prévalait de la circonstance pour agir comme souverain, ce ne pourrait être encore que pour déléguer à d'autres l'exercice de la souveraineté et non pour en faire lui-même l'application; car, encore une fois, un peuple exerçant lui-même la souveraineté, autrement que pour s'en dessaisir, est une chose impossible; ceux qui admettent cette hypothèse ne s'entendent pas.

La volonté générale, religieusement consultée serait infailliblement génératrice de la monarchie, plutôt que de toute autre forme de gouvernement; et le serait d'autant plus infailliblement, que les votans seraient plus éclairés.

En effet, chacun comprendrait mieux alors, que la société ne pouvant exister sans gouvernans, plus le nombre de ceux-ci serait grand, plus il y aurait entre eux, chance de division, de collision; et moins il y aurait de tranquillité publique; que conséquemment l'unité seule est affranchie de cette inquiétante éventualité.

Nous croyons pouvoir démontrer, par les faits, que la monarchie, c'est-à-dire, le gouvernement d'un seul par les lois, est de tous les gouvernemens le plus compatible avec la plus grande somme des libertés publiques; que leur co-existence est indivisible chez un grand peuple.

Qu'enfin le respect de la volonté générale et l'existence de la monarchie sont tellement liés, que *la plus* GRANDE SERVITUDE *du peuple commence, quand la monarchie est renversée ; et que la monarchie ne disparaît que lorsque la volonté générale est violée.*

Ces propositions peuvent sembler fausses aux esprits prévenus, mais leur justesse ressortira des faits rappelés dans les chapitres suivans.

CHAPITRE II.

Délégation de la Souveraineté.

L'impossibilité radicale, pour un grand peuple, de concerter ses volontés individuelles, et de les convertir en une seule volonté applicable aux actes variés du gouvernement, ou si l'on veut, d'exercer la souveraineté, place ce peuple, comme nous l'avons dit, dans l'indispensable nécessité de déléguer cette souveraineté, ou pour être plus explicite, de déléguer son exercice.

Encore une fois, c'est le seul acte de souveraineté qui soit à la disposition d'un grand peuple, et il ne peut l'accomplir que pour *s'en dessaisir immédiatement*.

Que les partisans de la démocratie ne perdent pas de vue ce point important et décisif; ils comprendront alors, que, bon gré, malgré, ils doivent renoncer irrévocablement à l'espérance de réaliser, au millieu d'un grand peuple, une forme de gouvernement, où ce peuple agisse comme souverain, autrement que pour se dessaisir immédiatement de sa souveraineté, et en déléguer l'exercice à un ou à plusieurs.

Dans les gouvernemens où le peuple prend le plus de part possible aux affaires publiques, il n'y a point encore de véritable démocratie : seulement le peuple ne se dessaisit, que pour un temps limité, de sa souveraineté; il en renouvelle plus souvent la délégation; mais ce renouvellement ramène tant de difficultés, tant de causes de troubles et de collisions, qu'il ne convient évidemment qu'à une cité ou à un canton très circonscrit.

L'adoption de cette forme de gouvernement étant évidemment impossible à une grande nation, la question se renferme donc, pour elle uniquement, dans le choix de la monarchie ou de *l'oligarchie*.

Nous disons de *l'oligarchie* : parce que, n'en déplaise aux partisans de la plus grande liberté possible, c'est la seule dénomination qui convienne réellement.

1.° A toutes les républiques anciennes ou modernes ;

2.° A tous les gouvernemens dits constitutionnels, soit qu'ils ayent pour chef un président temporaire comme les États-Unis d'Amérique ; ou bien un dignitaire revêtu du titre de roi, en présence d'autres pouvoirs politiques égaux concourans à l'action du gouvernement; car, *partout où il y a des pouvoirs égaux, il n'y a point de monarchie*.

Les Polonais l'avaient bien compris ; ils appelaient leur gouvernement République, bien qu'ils eussent un Roi.

Par l'effet d'un préjugé devenu très populaire de nos jours, et que nous avouons avoir longtemps partagé, l'opinion publique s'est tellement fourvoyée, qu'elle a cru la monarchie incompatible avec la conservation des libertés publiques, si elle n'était contenue par un pouvoir parlementaire *rival de l'autorité du prince et concourant avec lui à l'action du gouvernement*.

Nous démontrerons, plus tard, moins par le raisonnement, que par les faits appréciables par les esprits les plus ordinaires, l'erreur profonde de cette opinion.

Que l'on se garde bien, cependant, de conclure de cette assertion que nous puissions être les apologistes du pouvoir absolu ! il n'a pas d'ennemi plus sincère que nous, *dans l'intérêt commun des* PEUPLES *et des* ROIS ; mais nous voulons limiter l'exercice de la souveraineté par des moyens réels, appropriés aux véritables besoins de la société ; et nous repoussons, de toute l'énergie de notre raison et de notre expérience, ces combinaisons fausses, d'où naissent inévitablement, entre deux pouvoirs rivaux, des transactions funestes aux libertés publiques, et favorables seulement aux ambitions personnelles et aux intérêts de l'oligarchie.

Qu'on se donne donc patience, et que, provisoirement, on convienne avec nous que là où il y a des pouvoirs égaux, il y a oligarchie et point de monarchie ; car celle-ci disparaît évidemment devant la pluralité de pouvoirs égaux entre eux.

Il est aisé de reconnaître que l'oligarchie est le despotisme de plusieurs, au lieu du despotisme d'un seul. Cela n'est pas contestable en présence des faits.

Partout l'oligarchie n'admet à l'exercice des droits politiques qu'une portion des gouvernés.

Donc elle est despotique à l'égard de ceux qu'elle exclut de cet exercice.

Cette forme de gouvernement dissimule son vice radical sous l'hypocrisie du langage.

Elle s'intitule gouvernement constitutionnel, et la multitude préoccupée par une dénomination qu'elle croit favorable à ses intérêts, se passionne pour un mot mystérieux qu'elle se flatte de comprendre, mais qu'elle ne comprend réellement pas.

C'est en effet, de tous les gouvernemens, le plus attentatoire à la souveraineté du peuple; soit qu'il s'appelle République, soit qu'il s'appelle Royauté Constitutionnelle.

Partout ce gouvernement est despotique à l'égard du peuple, à l'égard des masses.

La preuve! elle est écrite dans les fastes de l'humanité :

Dans les républiques anciennes, sans exception, l'oligarchie porte des lois utiles à ses intérêts exclusifs; elle y tient les masses, soit dans l'esclavage personnel, soit dans l'exclusion de tout droit politique.

Dans les gouvernemens constitutionnels modernes, l'oligarchie opprime tous ceux que la fortune n'élève pas au maximum qu'il lui plaît d'assigner comme condition nécessaire à l'exercice des droits politiques. Ils en sont exclus à l'égal des étrangers, et ne peuvent avoir ni mandataires, ni protecteurs de leurs intérêts; l'esclavage personnel est même maintenu à l'égard des noirs dans la république des Etats-Unis d'Amérique!

En France 458 députés issus de la majorité de 150 mille électeurs privilégiés imposent des lois et des subsides à plus de trente-deux millions de français, sans que ceux-ci concourent d'aucune manière au choix de ces députés; en sorte, qu'en dépit du principe de la souveraineté du peuple inscrit en tête de la charte de 1830, la presque universalité des français est retombée *dans l'ancienne condition des serfs*; condition, comme l'on voit, bien éloignée de la souveraineté.

Et que l'on ne dise pas que cette assertion est exagérée! car si l'on consulte les livres de jurisprudence, on verra que la condition des serfs était d'être taillables c'est-à-dire *imposables* par leurs seigneurs, *sans leur consentement*.

Or peut-on nier que le peuple français, à 150 mille individus près, ne concourt d'aucune manière au consentement des charges publiques?

Donc, le peuple français ironiquement qualifié de souverain est retombé, de fait, sous le servage dont il dut à ses rois l'affranchissement; et sous le vasselage de 4 ou 500 oligarques, qui de leur autorité privée se sont substitués à la domination des seigneurs de paroisses, et qui osent parler à ce peuple de sa prétendue souveraineté, en le privant de l'exercice de tout droit politique.

Les apologistes de ce système prétendraient-ils qu'il existe une différence réelle entre la domination des nouveaux et des anciens seigneurs? parce que les anciens s'appropriaient directement les tributs qu'ils imposaient à leurs serfs; tandis que les tributs imposés par les députés entrent dans les caisses publiques, et que ces députés en payent leur contingent?

Mais, qui ne voit que ces tributs étant, pour la très grande partie, destinés à salarier les emplois du gouvernement, et les plus importans se trouvant à peu près exclusivement occupés par les députés et par leurs parens, le résultat est le même; car *l'exercice du pouvoir* et *l'argent levé sur les serfs modernes* constituent le domaine des oligarques, comme ils constituaient celui des anciens seigneurs : seulement les tributs sont décuplés et au lieu de passer immédiatement de la bourse des serfs actuels dans la bourse des oligarques, ils y arrivent par l'intermédiaire des receveurs des deniers publics; circonstance qui ne fait qu'aggraver la condition des tributaires, au profit des nouveaux seigneurs; car comme ceux-ci sont en général titulaires des emplois de finances, les frais de perceptions des tributs sont une nouvelle charge payée par les tributaires.

Aussi la similitude parfaite entre les anciens et nouveaux serfs, entre les oligarques actuels et les anciens seigneurs, ne peut-elle échapper qu'aux esprits légers qui ne se donnent pas la peine de regarder au fond des choses, et à qui le moindre changement de noms suffit pour ne pas reconnaître les personnages.

Qu'on veuille bien considérer maintenant qu'en 1789 tous les contribuables, sans exception, concoururent au choix des députés aux Etats généraux! que ce fut LOUIS XVI qui spontanément restitua ce droit à tous les contribuables; que le 23 Juin, même année, il proclama, dans la séance des Etats généraux convoqués par lui, les véritables principes de la monarchie.

1.° La nécessité du consentement des Etats généraux issus de tous les contribuables pour l'établissement des lois et des subsides;

2.° L'égalité proportionnelle des charges sans distinction d'état, de rang et de naissance;

3.° La liberté individuelle;

4.° Celle de la presse;

5.° L'établissement d'administrations provinciales *issues du choix des contribuables*.

Certes on sera forcé de reconnaître la justesse de notre proposition; savoir :

Que le respect de la volonté générale et l'existence de la monarchie sont tellement liés, tellement indivisibles que la monarchie disparaît quand la volonté générale est violée, et que la servitude du peuple commence aussitôt que la monarchie cesse.

En effet, depuis quand le peuple français a-t-il été dépouillé de l'exercice de ses droits politiques? depuis l'invasion de l'oligarchie dans le gouvernement.

Depuis quand la monarchie n'est-elle plus en France qu'une fiction? depuis que les droits du peuple ont été confisqués au profit de l'oligarchie.

La monarchie est-elle, en effet, autre chose qu'une fiction là où ses ministres ont besoin d'être confirmés par le vœu de la chambre des députés?

Qu'importe que le titulaire de cette royauté postiche ait le droit de nommer les ministres, s'il ne peut les maintenir?

Mieux vaudrait pour lui et pour la Nation soumise à ce gouvernement, que ce prétendu roi reçût ses ministres de la main des députés! un certain respect humain forcerait ceux-ci à conserver leurs créatures pendant la durée de leurs sessions, et il y aurait plus de chances de stabilité pour le système d'administration adopté.

Qui donc, maintenant, peut douter qu'il n'y a plus en France, ni monarchie, ni souveraineté du peuple ?

Ces mots sont écrits dans la charte de 1830, comme ils furent écrits dans celle de 1791. On sait ce qu'il est advenu de la première, et le sort de l'une ne peut différer de l'autre.

Nous croyons avoir établi logiquement, et la similitude parfaite existante aujourd'hui entre les oligarques et les anciens seigneurs, et l'état réel de servage de la France, à l'égard des premiers.

Seulement les nouveaux seigneurs s'appellent députés, et les nouveaux serfs sont trente-deux millions d'habitans, exclus de l'exercice de tous droits politiques (1).

Quant à la royauté, elle se trouve annulée, et emmaillotée par l'oligarchie, comme elle l'était avant et sous Louis-le-Gros, par les grands vassaux.

Que fit alors la Couronne pour se dépêtrer de ses langes ? elle appela les communes à son secours, et les communes répondirent à cet appel.

Le trône reprit l'autorité nécessaire à l'accomplissement de sa destinée, et les communes obtinrent leur affranchissement : la volonté générale réintégra la monarchie dans ses attributs légitimes.

(1) Nous savons bien qu'il n'y a pas en France plus de six millions de contribuables, mais les femmes et les enfans qui leur appartiennent suivent leur condition et participent ainsi aux conséquences de leur exclusion de l'exercice des droits politiques.

En 1830, les circontances étaient parfaitement identiques, et plût à dieu que la couronne eût compris cette identité, et qu'au lieu de chercher des secours dans l'oligarchie en la fortifiant, elle eût tenu la même conduite que Louis-le-Gros !

Le trône aurait été consolidé, au lieu d'être renversé, et les commnnes auraient été de nouveau affranchies.

CHAPITRE III.

Ancienne Constitution Française.

Lex consensu populi fit et constitutione Regis. Capitulaire 864, art. 6.

La loi résulte de la proposition du Roi et du consentement du peuple.

Cette formule abrégée de notre constitution est bien supérieure à toutes celles que nous avons vu naître et mourir depuis 1791.

Elle dément d'une manière bien authentique les assertions hasardées, au moyen desquelles on prétendait que la France n'avait point de constitution.

La proposition, l'initiative des lois appartenaient au Roi; leur consentement appartenait au peuple.

Les ministres de la royauté avaient, il est vrai, confisqué le consentement du peuple à leur profit exclusif et au détriment réel du Roi.

Car ce n'est pas au Roi que profite l'arbitraire des ministres, et cependant c'est à lui que s'en prennent les victimes; en sorte qu'au lieu des bénédictions qu'il recueillerait pour prix d'une distribution impartiale de la justice, il ne receuille que des sentimens opposés.

Quoiqu'il en soit, LOUIS XVI avait spontanément rendu à la nation le droit d'accepter, ou de refuser les lois proposées par la royauté, et la France rentrait ainsi dans l'exercice complet de son ancienne constitution.

Mais les députés aux Etats généraux trahissant leurs mandats, renversèrent cette constitution de fond en comble.

Leurs mandats étaient loin de justifier ce bouleversement; bien loin de les autoriser à dépouiller LOUIS XVI de l'exercice de la souveraineté, ils avaient exprimé, comme nous l'avons déjà dit, la ferme résolution de le lui conserver. Ce fut donc contrairement à la volonté générale que ces députés en dépouillèrent, de fait, le monarque, en s'arrogeant *l'initiative des Lois et le titre de Représentans du peuple*, APPANAGE EXCLUSIF DE LA ROYAUTÉ!

Représentans du peuple! quelle arrogante usurpation! où donc avaient-ils pris que le peuple les eût investis de ce titre, exclusivement applicable à la personne du monarque?

Le peuple! ce n'est ni les contribuables directs d'une petite circonscription territoriale, ni même l'universalité des contribuables directs du pays; c'est, n'en déplaise aux sophistes modernes, aux doctrinaires, la population toute entière; or les députés aux Etats généraux n'avaient été nommés que par les contribuables directs de leurs baillages respectifs. Ils n'étaient donc les mandataires que de cette très minime partie de la population, et non les mandataires du peuple, encore moins ses Représentans.

Sans doute, l'intérêt des contribuables directs est de la plus haute importance dans l'ordre social; mais il n'est pas unique.

En déhors de ces contribuables, il y a une

classe immense de Français qui mérite une large considération ; car elle est passible du service militaire comme les contribuables directs, sans avoir, comme eux, autant de ressources pour s'en affranchir personnellement, ou pour arriver aux grades du commandement.

Elle paye, par voie de consommations individuelles, son contingent des droits qui pèsent sur les denrées et les marchandises ; elle paye tous les droits qui frappent les actes de la vie civile ; elle subit enfin toutes les charges publiques, à l'exception des contributions foncières qui sont, à peine, le quart des contributions générales ; et quoiqu'elle contribue efficacement par ses travaux, et par son industrie, à la prospérité commune, elle est, à de très rares exceptions près, exclue de toute participation aux fonctions publiques, aux honneurs et aux avantages qui y sont attachés.

Cette classe mérite, cependant, de fixer dans une juste proportion la sollicitude Royale ; et si les mandataires de quelques contribuables directs pouvaient s'arroger les droits de la souveraineté, sous le prétexte de représenter le peuple, qui donc protégerait la masse des non-contribuables directs ? Qui donc empêcherait les prétendus dépositaires de la souveraineté, d'accabler bientôt les non-contribuables directs sous d'odieux privilèges ? Vaines suppositions, diront les sophistes ! mais les faits portent témoignage ; ils ont éclaté ces faits, ils parlent aux intelligences les plus vulgaires.

Il plût, en 1789, à des députés issus du choix des contribuables directs du plus mince baillage, de s'arroger le *titre de Représentans du peuple*, comme si le peuple entier eût concouru à leur élection. Aujourd'hui, par voie de progression, des députés issus du choix de la très petite minorité des mêmes contribuables du plus mince arrondissement, s'arrogent le même titre et l'initiative des Lois ! Qui donc peut arrêter leurs usurpations ultérieures ? Bientôt la chambre des députés déclarant sa permanence, prétendra concentrer en elle et dans ses héritiers l'exercice exclusif de la souveraineté, et traiter les masses en ilotes : n'est-ce pas ainsi que les choses se sont passées dans tous les gouvernemens oligarchiques ?

Le ROI, le ROI seul, dans une Monarchie est le REPRÉSENTANT du peuple, *de tout le peuple*. Ce n'est pas de quelques contribuables de baillage ou d'arrondissement particulier qu'il tient cette éminente qualité; c'est du vœu de la Nation.

Nul autre que lui ne peut se permettre de prendre ce titre, sans se rendre coupable de lèse-souveraineté.

C'est à lui que la Nation toute entière en a, de temps immémorial, délégué l'exercice, à la seule condition, pour elle, d'accepter ou refuser les Lois qu'il proposerait.

Jamais elle n'a entendu ni pu entendre donner à son Roi, en fait de personnes publiques ou privées, des égaux et encore moins des maîtres.

Des égaux ! c'eût été compromettre la tranquillité générale, en les mettant en état nécessaire de collision !

Des maîtres ! c'eût été subordonner le Prince, et conséquemment renverser la Monarchie, en voulant l'établir ! est-ce là ce que la Nation a voulu? quatorze siècles déposent de reste contre cette absurde supposition.

Et que nul n'ose reprocher aux Rois de France d'avoir méconnu les devoirs attachés *à ce titre éminentissime de Représentant du peuple*, et d'avoir sacrifié les véritables intérêts des classes moyennes et inférieures !

Elles étaient opprimées par les grands propriétaires ; qui fut leur protecteur ? Le ROI.

A qui les communes durent-elles leur affranchissement ? Au ROI.

Qui le premier donna dans ses domaines l'exemple d'abolir la servitude personnelle ? Le ROI.

Qui le premier appella le Tiers-Etat à concourir à l'acceptation, ou au refus des lois proposées ? Le ROI.

Les détracteurs inconsidérés de la royauté auront beau faire, ils n'éteindront pas les souvenirs et les témoignages historiques ; les bienfaits de la monarchie vivront dans la mémoire des Français ; les passions, les folies, les crimes, qui ont ravalé la majesté du trône, supplicié, proscrit les héritiers légitimes, seront enfin appréciés par une nation ardente et légère, mais foncièrement vouée au culte de la raison et de la justice.

Nous examinerons au surplus les conséquences de l'usurpation du titre de Réprésentant du peuple, et de l'initiative des Lois par les Députés aux Etats généraux. C'est aux faits qu'il appartient d'être les Précepteurs des Nations, et de montrer les vaines théories des sophistes modernes ?

Mais comme ces théories n'ont été qu'une

servile imitation des formes de gouvernement introduites en Angleterre, nous allons jeter un coup d'œil sur ce gouvernement tant préconisé par les novateurs, et chacun pourra juger de son avenir par l'ébranlement actuel de tous ses ressorts.

CHAPITRE IV.

Vices du Gouvernement Anglais.

Le gouvernement anglais devenu le type de ce qu'on est convenu d'appeler Monarchie constitutionnelle, n'est qu'une oligarchie qui, grâces à des circonstances jusque ici fort heureuses, a jeté depuis la fin du 17.e siècle un grand éclat, mais qui s'avance vers une dissolution non moins éclatante.

Quoique ce gouvernement présente en apparence une trinité de pouvoirs, *le Roi*, *la Chambre des Pairs*, *la Chambre des Communes*, cependant la révolution qui précipita Charles Ier du trône à l'échafaud, et qui abolit à la même époque la Chambre des Pairs; cette révolution, disons-nous, avait déjà prouvé qu'il n'y avait de pouvoir réel en Angleterre que la Chambre des Communes, et cette preuve s'est renouvelée récemment à l'occasion du Bill de réforme; circonstance où le Roi et la Chambre des Pairs ont été forcés de s'effacer.

C'est qu'en effet la Chambre des Communes, par l'étendue de ses attributions, est une véritable *assemblée de Rois*; car chacun de ses membres jouit de tous les attributs moraux de la royauté; savoir: *du titre de* REPRÉSENTANT *du peuple et de l'initiative des Lois*.

Ce titre de REPRÉSENTANT du peuple est acquis à chaque membre de cette Chambre, par une fiction que le pouvoir Royal ne peut plus désormais contester sans péril pour lui-même ; la Constitution Britanique suppose que du moment où un député se trouve nommé par un Comté, il est le Représentant, non pas seulement du Comté qui l'a nommé, mais bien de la Nation toute entière.

Qu'est-ce que le Roi peut représenter de plus?

Ce député jouit ensuite du droit de proposer les lois; or, s'il possède un grand talent oratoire, et qu'il en fasse usage pour proposer des lois favorables aux passions de la multitude, n'est-il pas certain d'exciter ses sympathies et de devenir l'objet de son culte?

Si depuis l'expulsion de Jacques II les conséquences de ces attributions toutes royales ne se sont pas développées dans leur intensité naturelle, il ne faut l'imputer qu'à la circonspection qui devait suivre une pareille révolution ; et surtout au mode d'élection des Députés des Communes; mode qui laissait, à la haute aristocratie, une influence prodigieuse, et renfermait le monopole électoral dans la classe la plus opulente; mais la voie est maintenant élargie et tend à s'élargir encore davantage.

Si la royauté succomba dans la personne de Charles I.er et de Jacques II, à l'époque où les membres de la Chambre des Communes étaient élus par des électeurs pris dans la classe la plus intéressée au maintien de l'ordre existant à cette époque, que ne doit pas craindre aujourd'hui la couronne, d'une Chambre des Communes telle qu'elle doit infailliblement sortir, plutôt, ou plutard, de la réforme électorale? Quelle résistance pourra-t-elle faire en présence de Députés qui exprimeront le vœu de leurs commettans, pour la réalisation des réformes déjà formulées par l'opinion publique ?

Que l'on médite sérieusement la position actuelle du Roi d'Angleterre ! l'on verra que cette position est bien plus critique que celle de Louis XVI après son acceptation de la constitution de 1791 !

En effet, cette constitution avait opéré toutes les réformes imaginables par l'exigence la plus outrée; elle avait aboli les ordres du clergé, et de la noblesse; mis en vente les propriétés ecclésiastiques; supprimé toutes les corporations; décrété l'égalité la plus absolue dans le partage des successions; enfin, tout nivelé: cependant telle fut la puissance des attributions laissées à l'Assemblée législative par la Constituante, telle fut la puissance du titre de Représentant du peuple et de l'initiative des Lois, que la moindre résistance de Louis XVI aux caprices de cette assemblée, pût être incriminée comme un acte de haute trahison et servir de texte aux passions qui le poussèrent à l'échafaud (1)?

Quant à la chambre des pairs d'Angleterre déjà annulée à l'occasion du bill de réforme, son union avec le trône lui rend communs tous ses périls; aux yeux des passions populaires ce sont deux complices qu'il faut frapper en même temps.

(1) Le refus du Roi de sanctionner le décret de l'Assemblée dite Législative, du 24 mai 1792, ordonnant la déportation de tout prêtre non-assermenté, sur la dénonciation de vingt pétitionnaires.

Et refus de sanctionner le rassemblement de 20 mille fédérés, dans un camp, sous les murs de Paris.

Ainsi, le résumé final de la théorie anglaise tant vantée, et la prétendue balance de ses trois pouvoirs, est le pouvoir unique de la chambre des communes, devant lequel se sont inclinés, lors du bill de réforme, les deux autres pouvoirs qui, dans l'ordre politique, semblaient égaux au sien, et qui, dans l'ordre hiérarchique, lui semblaient supérieurs.

L'existence de ces deux pouvoirs est plus que jamais à la merci des électeurs de la chambre des communes.

Par l'effet de la loi électorale qui a fait descendre le droit d'élection immédiate dans les classes inférieures, tout le principe de la puissance réelle se trouve appartenir à la portion du peuple la plus avide de nivellement, la plus intéressée à pousser les réformes à leurs dernières limites.

Quelle apparence qu'il n'en sorte pas bientôt une chambre des communes qui consomme la ruine des deux pouvoirs qui lui sont opposés ? Ce serait un phénomène dans l'histoire des passions humaines ! Les causes ne manquent pas pour amener le résultat que nous indiquons ; les priviléges de la Pairie et de la primogéniture ; l'existence des corporations ; des propriétés ecclésiastiques évidemment supérieures aux besoins de l'église ; que de sujets de convoitise pour les réformateurs !

Contre tant de causes de désordre, que reste-t-il, en puissance réelle à la Royauté ? la dissolution du Parlement: ressource inutile, dont l'expérience a déjà montré le danger, et qui ne peut servir qu'à précipiter les événemens.

La prétendue monarchie constitutionnelle n'est

en résumé que la puissance de la majorité parlementaire dans une chambre de députés ; et C'EST LE PIRE DES GOUVERNEMENS !

En effet, cette majorité est aussi variable que la direction des vents ; par la nature de ses élémens elle est inévitablement destinée à se diviser, à se subdiviser à l'infini, et à dégénérer en tyrannie, comme l'expérience l'a prouvé en Angleterre de 1641 à 1650, et en France de 1789 à 1799.

Ainsi, le sort de toute Nation qui met sa confiance dans une Monarchie constitutionnelle formée de trois pouvoirs en apparence appelés à se servir de contre-poids, est de tomber infailliblement sous la puissance d'un Tribun, ou d'un soldat audacieux. C'est tantôt, Mirabeau, Danton, Robespierre, ou Lafayette ; tantôt Cromwell, ou Bonaparte.

Ce dénouement est inévitable ; mais en attendant cette nation est condamnée à voir annuellement grossir le fardeau de ses subsides.

Ici l'expérience vient encore à l'appui de l'assertion : nous pouvons nous prévaloir de l'exemple de l'Angleterre qui, *vierge de toute dette nationale, à la chute de JACQUES II*, est actuellement endettée de plus de vingt milliards ; mais, sans sortir de notre propre histoire contemporaine, que l'on consulte seulement le chiffre du budget depuis 1814 ! Le Bulletin des lois est à la portée de tout le monde, il dira si les dépenses n'ont pas toujours été croissantes même avant la guerre d'Espagne, et l'indemnité accordée aux émigrés.

La raison ! elle est bien simple.

Dans un gouvernement, où la royauté n'est

qu'une fiction, l'existence d'un ministère ne dépend, ni de la confiance du prince, ni du mérite réel des membres de ce ministère; mais bien de la majorité mobile de la chambre élective.

Il faut donc que ce ministère pour se conserver, acquière à tout prix la bienveillance de cette majorité, qu'il en carresse, qu'il en ménage tous les meneurs et leurs acolytes; qu'il subisse toutes leurs exigences.

Or, la condition du succès se résout toujours dans ce que *Bazile* appelait des argumens irrésistibles, c'est-à-dire de l'or, ou des places qui en procurent: de là les sinécures, les riches dotations d'emplois à la disposition de la couronne, c'est-à-dire des ministres; de là l'accroissement perpétuel des impôts nécessaires pour salarier ces emplois.

Mais un ministre a beau faire; il y a toujours plus d'appétits à satisfaire, que de gâteaux à distribuer. Le plus mince député de cette majorité mobile et capricieuse veut avoir sa part du budget, pour lui, pour sa famille, pour les cliens qui l'ont élu et qui doivent le continuer dans l'exercice de ses fonctions: le ministère recule-t-il devant ces prétentions? aussitôt bouderie, éloignement, défection, coalition de mécontens, et bientôt conspiration générale contre le ministère; chute et renouvellement: mais le ministère qui succède retombe dans les mêmes nécessités qui ramènent toujours les mêmes conséquences, c'est-à-dire l'augmentation croissante des charges publiques.

Lecteurs, consultez le Bulletin des lois et votre mémoire, et démentez-nous si vous croyez pouvoir le faire en conscience.

Si vous ne croyez pas le pouvoir, en présence des faits, concluez avec nous, que l'ingérence d'une majorité parlementaire dans l'action gouvernementale, est définitivement

Le pire des Gouvernemens ;

et que toute nation qui croit perfectionner son administration en le conservant, est destinée à devenir le jouet des intrigans ambitieux se disputant l'argent et les places, en tonnant contre les dilapidations, le cumul des sinécures en professant l'urgence des économies, et de l'allégement des impôts.

Concluez que cette jonglerie de patriotisme, de libéralisme, de désintéressement, de dévouement aux intérêts du pays, ne couvre, en général, qu'égoïsme, cupidité, convoitise, satisfaction d'intérêts personnels, et que s'il se trouve, dans une chambre élective en contact avec les dépositaires du pouvoir gouvernemental, quelques caractères honorables et vertueux, ces rares exceptions ne changent rien à la masse générale dont cette chambre se compose.

Ces assertions n'avaient pas besoin d'être confirmées par l'expérience des faits passés sous les yeux de la France : elles avaient été déjà consacrées, dans le siècle dernier, par l'aveu cynique de Robert Walpole, premier ministre du roi d'Angleterre. Il avait, disait-il, dans sa poche

Le Tarif des Consciences du Parlement anglais.

Ainsi, nul ne peut en douter ; les consciences d'une chambre sous la main des titulaires de l'autorité, ont leur tarif en argent, ou en places qui le représentent.

Et cependant, lecteurs, observez bien que les membres de la chambre des communes en Angleterre ne sont pas, comme en France, des hommes de médiocre fortune, talonnés par le besoin d'élever leur famille, de se dédommager du temps dérobé à leurs affaires particulières, et des dépenses onéreuses de leur séjour dans la capitale; non, les membres des communes sont riches, sont opulens en général, et la preuve, ce sont les dépenses incroyables qu'ils sont obligés de faire pour assurer leur élection: mais déjà, dans le siècle dernier, elles étaient considérables; le comte de Chesterfield nous apprend dans sa 421e lettre à son fils Stanhope, qu'en 1768 les concurrens dépensèrent, chacun de leur côté, 30 mille livres sterlings (750,000 fr.).

Mais, dira-t-on, voulez-vous donc priver la Nation du droit de discuter, d'accepter, ou de rejeter les lois qui doivent la gouverner ? Et puisque cette nation ne peut vacquer elle-même à l'exercice de ce droit, ne faut-il pas qu'elle en charge des députés ? Voudriez-vous, sous prétexte de leur vénalité possible, abandonner au conseil du monarque le droit d'imposer des lois ?

Non. Nous voulons l'exécution des anciens usages de la monarchie, et l'intervention des députés des contribuables, dans l'acceptation des lois et des subsides; mais nous ne voulons pas que ces députés s'arrogeant le titre de Représentans du peuple deviennent autant de rivaux de la royauté; qu'ils s'immiscent dans le gouvernement qui n'appartient qu'au Roi; qu'ils s'approprient l'initiative des lois qui lui compète exclusivement, et qu'ils prétendent exercer la souveraineté du peuple qui jamais ne la leur a déléguée.

Enfin, nous voulons éviter que la Nation devienne la victime des prétentions de l'oligarchie l'un des gouvernemens les plus hypocritement oppresseurs qui aient jamais envahi la domination des sociétés sous l'apparence de les protéger.

Nous allons justifier nos répugnances par l'exposé des conséquences de l'usurpation que nous repoussons.

CHAPITRE V.

Conséquences de l'usurpation des Attributs de la Royauté, par l'Oligarchie.

Saisis, par l'usurpation, de *l'initiative des Lois* et du titre de *Représentans du Peuple*, les députés aux Etats généraux de 1789 débutèrent par des lois attentatoires à la propriété, *cette première condition de l'ordre social.*

Entraînés par l'impatience de la convoitise, ils se dissimulèrent les conséquences de la violation de ce droit fondamental.

LOUIS XVI avait donné l'exemple, dans ses domaines, de l'abolition des droits de mainmorte: il avait exprimé le vœu de cette abolition dans tout le royaume; quant aux autres droits il les considérait comme des propriétés qui devaient être respectées à l'égal de toutes les autres.

Rien n'était plus conforme à la justice; car, ces droits, sauf les dîmes perçues par le clergé avaient été acquis à titre onéreux, et sous la garantie de la législation existante; ils faisaient partie de la propriété, dont ils représentaient une portion du prix payé.

Les propriétaires ne pouvaient, donc, en être dépouillés que pour raison d'utilité publique, et moyennant une préalable indemnité : il était absurde de se prévaloir, à l'égard des possesseurs, du vice originel de l'établissement de ces droits, et de n'y voir qu'un abus de la force.

En admettant une pareille logique, toute propriété foncière pourrait être contestée ; car, dans son origine, elle est évidemment entachée de l'abus de la force, et il n'en existe pas une qui puisse se dire vierge de toute usurpation.

Le droit de première occupation ne la sauverait pas en rigueur de ce reproche ; puisque, dans l'ordre naturel, la terre appartient à tous, et ne peut être légitimement possédée par personne.

A peine le cultivateur pourrait-il, en bonne règle, en réclamer les fruits pour prix de sa culture annuelle, et dans ce cas l'ordre naturel aurait déjà commencé à cesser, pour faire place à une espèce de civilisation! C'est ainsi qu'en Affrique les terres changent annuellement de cultivateurs ; il en était ainsi dans la Germanie, au rapport de César et de Tacite : mais partout où le droit de propriété permanente n'est pas établi, la civilisation reste nécessairement fort arriérée.

Ainsi la modération de LOUIS XVI était conforme à la justice, au serment qu'il avait fait, en montant sur le trône, de faire observer les lois.

Une assemblée saisie par la violence des attributs de la royauté, n'est pas si scrupuleuse et si timorée ; cette assemblée, à titre de Constituante, abolit tous ces droits sans indemnité, et cet exemple fut encore dépassé par les assemblées qui héritèrent de l'usurpation de la prétendue Constituante (1).

(1) Les terres concédées à des colons moyennant une portion des fruits et sous réserve de quelques hommages honorifiques furent dévolues aux colons et perdues pour les propriétaires, sous prétexte de féodalité.

L'orgueil des classes inférieures se délectait à ces spoliations qui ne frappaient alors que les classes supérieures. Elles s'en dissimulaient l'injustice ; elles oubliaient, à l'exemple de leurs nouveaux Législateurs, qu'elles ne possédaient elles-mêmes que sous la garantie des lois constitutives de la propriété ; que si ces lois étaient une fois violées à l'égard des classes supérieures, rien n'empêcherait que la violation ne descendît jusques à leurs propriétés mêmes.

Dans son aveugle préocupation, chaque classe se dissimulait, qu'en dessous d'elle, il y avait d'autres appetits à assouvir, d'autres vanités à satisfaire, des désirs plus complets de nivellement, et que plus tard il faudrait compter avec les dépositaires de ces passions.

Bientôt le plus petit boutiquier apprit, à ses dépens, quelles conséquences suivent la violation des règles constitutives de la société.

La création d'un papier-monnaie, dont la dépréciation descendit la valeur à zéro, permit à chaque débiteur d'imiter le Gouvernement qui donnait ce papier en paiement de ses propres dettes.

Les denrées, les marchandises tarifées à un maximum durent être livrées, en échange de ces chiffons.

Pour assurer l'exécution de ces mesures spoliatrices, il fallut des lois sanguinaires ; on fit tomber, sans distinction de classes, les têtes des récalcitrans ; enfin les excès furent poussés à un tel degré de démence, que la France entiére, *excepté les hommes altérés de sang et de pillage*, en désira vivement la prompte cessation.

Alors, ces *Représentans du peuple* primitivement l'idole des classes moyennes dont ils avaient d'abord satisfait la convoitise, en devinrent l'horreur ; et sans la protection qu'ils reçurent au 13 vendémiaire an 4 (5 8bre 1795), des dispositions militaires de Bonaparte, il est probable qu'ils eussent été victimes des passions populaires qu'ils avaient exaltées.

A Dieu ne plaise, cependant, que nous accusions les intentions de la grande majorité de ceux qui entrèrent dans cette voie d'usurpation : la plupart étaient animés, surtout dans l'Assemblée dite Constituante, des meilleurs sentimens, et même d'un excès de désintéressement et de philantropie ; mais les principes sont des germes dont les fruits mûrissent à la longue et on ne reconnaît, qu'à leur parfaite maturité, les qualités délétaires qu'ils finissent par développer.

Certes, Thouret, rapporteur de la Constitution de 1791, et qui présidait l'assemblée, au moment où LOUIS XVI vint *imprudemment, pour la France et pour lui*, jurer *l'exécution de cet acte inexécutable*, Thouret, disons-nous, était bien loin de se douter des conséquences qui devaient s'en suivre. Loin de là, il proclamait, avec emphase, l'*excellence* et *l'immortalité de l'Acte constitutionnel*.

Mais, dix mois s'étaient à peine écoulés que l'œuvre immortelle avait disparu, et le nom de la royauté avec elle.

Toutefois, Thouret incarcéré presque immédiatement par les nouveaux constituans, et voué par eux à l'échafaud qu'il devait bientôt ensanglanter, resta tellement infatué de l'excellence des principes dont il allait périr victime, qu'il employa les loisirs de sa prison à en faire l'apologie. Les opinions systématiques ont leurs martyrs, comme les opinions religieuses (1).

Avec un esprit supérieur à plusieurs égards, et doué d'une élocution brillante, Thouret se trouvait aveuglément dominé, comme la majorité de ses collègues, par la haine de la hiérarchie sociale ; il ignorait probablement, qu'il ne suffit pas d'introduire l'égalité dans les lois, pour *l'introduire dans les mœurs* ; et que, jusque dans les républiques les plus démocratiques, les vanités se trient, se classent, et se retranchent dans leurs cotteries, armées de la morgue la plus hautaine et la plus repoussante ; qu'un mur d'airain y sépare les diverses professions, et que l'amour-propre y reçoit des blessures bien autrement profondes, qu'il n'en recevait, jadis en France, sous cet ancien régime tant décrié depuis par les niveleurs.

Thouret et ses partisans se dissimulaient, sans doute, que, le trône une fois abattu, il surgirait une tyrannie aussi réelle que celle reprochée à Louis XVI était imaginaire. Ils ne se doutaient pas que l'assemblée constituante ayant substitué à la domination de la royauté, une domination bourgeoise, la multitude s'en lasserait promptement ; qu'après avoir concouru à briser le trône, cette multitude briserait, avec encore plus de passion, toutes les supériorités nouvelles qui voudraient s'imposer, et qu'elle finirait par soumettre jusqu'à ses tribuns au niveau de la guillotine.

Certains publicistes décidés à applaudir à des

(1) Voir les dernières pages de ses Observations, sur les révolutions, écrites sous les verroux de la Conciergerie.

résultats satisfaisans pour leurs opinions, sans égard pour les moyens qui ont conduit à ces résultats, trouvent l'excuse des violences et des spoliations dans l'amélioration matérielle des classes inférieures, dans la division des terres, dans l'augmentation des produits, et même de la population, malgré de longues et cruelles guerres.

Nous laissons aux consciences moins faciles, le soin d'examiner si la plaie profonde faite à la morale publique par le triomphe de la violence, n'est pas devenue incurable; et si la voie lente des règles de la justice et les progrès naturels de l'industrie n'auraient pas amené les mêmes résultats vierges des crimes qui les ont contaminés (1).

Quoiqu'il en soit, le souvenir de ces horreurs pesait si durement sur la France en 1799, que la crainte de leur renouvellement facilita l'envahissement de toutes les libertés publiques par un soldat audacieux; et l'on vit les mêmes personnages qui avaient brisé le trône de la monarchie, concourir à la consolidation du despotisme d'un Corse à peine né français (2).

Passant d'une extrémité à l'autre, les auteurs des premières Constitutions démocratiques, abdiquèrent aux pieds d'un Dictateur, tous les droits qu'ils avaient invoqués pour renverser le trône légitime.

Autant, ils avaient montré d'ardeur ingénieuse à lâcher la bride aux passions populaires,

(1) Les progrès récens de l'amélioration sociale en Angleterre, et en Allemagne prouvent que les convultions politiques ne sont pas indispensables à son développement.

(2) Bonaparte était né en 1769, la même année où la Corse fut incorporée à la France.

à les exalter pour l'accomplissement de leurs premiers desseins, autant ils en déployèrent pour museler le peuple, pour river ses chaines, et lui enlever les droits légitimes dont Louis XVI lui avait rendu l'exercice.

Ainsi, l'usurpation du titre *de Représentans du peuple* et *de l'initiative des Lois*, donna à la France, autant de Rois que de Députés.

Cette usurpation capitale amena la violation du droit de propriété, d'abord à l'égard des classes supérieures, ensuite à l'égard de toutes les classes, et plus tard l'anarchie; enfin, l'anarchie amena le despotisme militaire, gouvernement détestable sans doute, mais préférable à l'anarchie.

En résumé, de crises en crises, d'actions en réactions, la France est tombée sous un gouvernement dont la conservation est démontrée impossible à tout homme exercé aux observations politiques; ceux qui le dirigent assistent béans à sa décomposition journalière, incertains des moyens qu'ils peuvent employer pour prévenir son immédiate dissolution, et n'ayant plus guères de ressources que l'invocation des dieux inconnus!

Et que l'on ne croit pas que la fragilité de ce gouvernement tienne uniquement à la position du titulaire actuel de la royauté! Sans doute cette position complique les difficultés; mais ce titulaire eût-il, en sa faveur, tous les droits de la légitimité; eût-il été intrônisé par le vœu unanime de tous les Français, le trône tel qu'il est constitué n'en serait pas plus solide; il serait intérieurement miné, et ne pourrait subsister long-temps sans s'écrouler, nous croyons en avoir déduit les raisons logiques.

CHAPITRE VI.

Retour à l'ancienne Constitution.

Quoiqu'il ne nous reste aucun monument du grand acte national par lequel nos ancêtres remirent à leur premier Roi le dépôt et l'exercice de la souveraineté, l'existence de cet acte est demontré par les faits, et soixante générations l'ont suffisamment, ou plutôt surabondamment confirmé.

Pour anéantir ce grand acte, il ne fallait pas moins que le concours de la population entière et l'absence de ce concours a vicié radicalement toutes les révolutions survenues depuis 1789. Cette assertion est rigoureusement incontestable par tous ceux qui font profession de reconnaître la souveraineté du peuple.

Sans doute les Doctrinaires ne manqueront pas de nous reprocher que nous exagérons à dessein ce principe, quand nous reconnaissons à tout individu faisant partie de la population générale le droit de participer au seul acte de souveraineté qu'il soit au pouvoir d'un grand peuple d'accomplir.

Il ne peut pas y avoir d'exagération dans un principe, dans une vérité de premier ordre.

Un principe dont on pourrait arbitrairement scinder l'application, serait un mensonge et non pas un principe.

Doctrinaires ! vous avez, dans l'intérêt *de vos passions*, et avec l'intention d'en éluder les conséquences, proclamé la Souveraineté du Peuple ! nous l'acceptons dans l'intérêt de l'ordre, et dans sa plus large acception. Notre expérience nous a montré que tous nos malheurs étaient nés de sa violation; et déjà la réprobation générale de la France contre le monopole électoral est un indice du besoin qu'elle éprouve de rendre à ce principe son ancienne capacité.

Oui ! Nous reconnaissons que tout individu adulte est titulaire d'une portion de la souveraineté qui appartient collectivement à la population dont il fait partie.

Mais, nous avons démontré que le seul acte de souveraineté praticable pour un grand peuple, consistait à se dessaisir de cette souveraineté.

Or, l'ancienne délégation, dans un ordre invariable, par les générations qui nous ont précédés étant incontestable, s'il s'agit d'anéantir cette longue et constante tradition, la génération actuelle toute entière doit participer à une nouvelle délégation.

Quand il s'agit, en effet, de déléguer l'exercice de la souveraineté, comme la subordination des volontés individuelles à une autre volonté en est la condition rigoureuse, et que le sacrifice de sa propre volonté est le plus grand qu'il soit au pouvoir d'une créature raisonnable de faire, tout individu parvenu à l'âge adulte a le droit d'être consulté pour ce sacrifice; et nul ne peut légitimement lui commander l'obéissance, s'il n'a été préalablement constitué et reconnu pour chef suprême par les deux tiers de la population.

Nous disons, les deux tiers; car, en principe, il faut deux volontés pour en dominer une.

Dans ce grand acte de souveraineté le seul possible et le plus important pour un grand peuple, nul individu ne peut être suppléé, ni représenté par un autre (1).

Aussi la population générale ne peut-elle se croire engagée par le résultat d'un vote particulier.

La souveraineté ne se délègue point par le fait des passions d'une minorité quelconque.

Cette grande et solennelle concession ne peut être légitime que lorsqu'elle est le fruit d'une sage réflexion, d'une délibération froidement méditée, exprimée librement par la population consultée sans surprise, dol, ou violence.

Car si cet acte n'était le résultat que de l'audace des uns, de la crainte ou du silence des autres, il n'attesterait que l'oppression momentannée de la nation au milieu de laquelle cet acte aurait été accompli et la violation manifeste de sa souveraineté.

Une faction puissante se serait imposée à cette nation, contrairement à sa volonté, et le refus de la consulter serait l'imprescriptible aveu de l'usurpation qui pèserait sur elle.

L'ordre nouveau violemment substitué à l'ordre ancien rencontrerait, chaque jour, de nouveaux obstacles. Il réunirait, contre lui, les intérêts moraux et matériels de la population toute entière, moins ceux de la faction qui aurait concouru à son établissement et qui en profiterait.

Il aurait, contre lui, les intérêts moraux, parce que la société civile étant uniquement basée sur le droit de légitime possession, et la

(1) C'est l'opinion de J.-J. Rousseau. Voir le chap. XV, liv. III. Contrat-Social.

possession n'étant légitime que selon les lois antérieurement en vigueur, tout ce qui porte le caractère de violence et d'illégalité, est destructif des idées de justice qui sont la morale d'un peuple.

Il aurait, contre lui, les intérêts matériels; parce que la violence qui dépossède un titulaire quelconque, irrite non-seulement tous ceux qui font profession de respecter la justice, mais tous ceux qui ne partagent pas le fruit de la violence : or, ceux-là sont évidemment le plus grand nombre; ainsi, les uns par esprit de justice, les autres par envie, font cause commune contre l'usurpation; d'où résulte un concert général d'animosités qui portant le désordre dans la société, en trouble les habitudes, et nuit à sa prospérité matérielle.

Toute possession qui ne résulte pas d'un titre incontestable n'est qu'une possession précaire dans l'ordre civil; à plus forte raison dans l'ordre politique sujet à tant de vicissitudes.

A quelles funestes chances un gouvernement fondé sur la violence ne doit-il pas s'attendre? Si, sous l'empire romain privé du bélier de l'imprimerie, les passions ambitieuses opérèrent des révolutions si fréquentes, une fois que l'exemple de l'usurpation eût été donné, comment espérer aujourd'hui que ces passions sur-excitées par des controverses agitées jusque dans les casernes et entretenues dans toutes les classes par la liberté de la presse, resteront inertes et inoffensives par respect pour des droits imaginaires?

En vérité, s'étourdir sur les futurs contingens, c'est mal connaître le cœur humain qui ne change jamais et dont les passions s'alimentent de toutes les circonstances qui viennent l'agiter.

Après un demi-siècle de vaines et funestes expériences, il est temps, pour la France, de revenir à l'ancienne Constitution Monarchique aux termes fixés par la déclaration de Louis XVI du 23 juin 1789.

Cette Constitution était incomparablement plus libérale que toutes celles imaginées depuis.

Mais tel fut le vertige contemporain de l'esprit de faction, qu'il refusa le bienfait de la main du Prince, et ne voulut le devoir qu'à la révolte et aux tribuns qui se firent un moment accepter.

Nous en avons vu les conséquences; quoiqu'il en soit, il faut la rendre au Peuple français qui en a été dépouillé par la violence, ou la surprise.

Ou bien, il faut, par respect pour la souveraineté du Peuple, le consulter tout entier sur la question de savoir s'il veut adopter la Constitution de 1830.

Il n'est pas à craindre qu'éclairé par l'expérience, il abandonne le Gouvernement monarchique, pour l'Oligarchie que cette Constitution a eu la prétention de consacrer.

Il doit comprendre le danger de multiplier le nombre de ses gouvernans; il doit savoir que l'intérêt général est le sentiment le plus naturel à un Prince héréditaire, parce qu'élevé au point culminant de l'ordre social, toute son ambition s'y trouve naturellement épuisée; qu'il ne lui reste rien à désirer, ni pour lui, ni pour sa famille; tandis que les chefs amovibles de l'oligarchie ne peuvent être animés que de leur intérêt personnel, parce qu'ils ont toujours, pour eux, ou pour leur famille, des objets d'ambition à satisfaire et des compétiteurs à combattre; en sorte que l'intérêt général n'est jamais et ne peut jamais être que secondaire dans leur cœur.

Enfin, il peut comprendre aujourd'hui mieux que jamais le mérite de l'invariabilité du mode de succession au trône, et toutes les chances de perturbations qui accompagnent la violation de cette invariabilité

Au droit que nous reconnaissons à la population entière d'exercer pour une nouvelle délégation, dans le cas où l'on croirait pouvoir annuler celle confirmée par 60 générations, les oligarques opposent l'ignorance prétendue de la population.

Ils demandent la souveraineté de l'intelligence; ils veulent maintenir l'exhérédation du peuple, après l'avoir proclamé Souverain; ils prétextent son incapacité morale à exercer un droit qu'ils lui reconnaissent en principe.

Vains prétextes ! S'il est un proverbe vulgaire fortement accrédité, rappelé tous les jours dans les classes les plus inférieures; c'est *qu'on ne peut pas obéir à plusieurs maîtres à la fois*.

Ce proverbe trivial, c'est l'arrêt de mort plus ou moins rapprochée de l'oligarchie qui n'est autre chose que la pluralité des souverains.

Mais les oligarques qui tiennent aujourd'hui le sceptre, veulent exclusivement le garder ; semblables, en cela, aux grand vassaux dont ils tiennent la place.

Ils affectent le même langage à l'égard des classes inférieures.

A entendre les grands vassaux, seuls ils composaient le corps de la Nation. *Les villes ! les communes ! Ramas de Canailles bon à pressurer, à tailler à merci !*

Ainsi, l'intérêt personnel tient partout, et en tout temps, le même langage !

Mais nos Rois ne tinrent compte de cette jactance intéressée, et ce fut en ralliant à leur cause, les communes, qu'ils parvinrent enfin à briser le joug que leur imposaient ces superbes rivaux.

C'est en les imitant que la royauté obtiendra les mêmes résultats, et affranchira le peuple du joug de l'oligarchie.

Elle ne peut le faire qu'à une seule condition; c'est de se replacer au point où la déclaration de LOUIS XVI renouvelait l'alliance entre la monarchie et les libertés publiques, le 23 juin 1789.

Cette déclaration est un monument impérissable dans la mémoire des français, l'éternel ralliement des droits du Trône et de la Nation : hors des rayons de ce phare lumineux tout est écueil pour l'un et pour l'autre.

La couronne se trouve pressée entre cet irrémissible dilemme.

Ou bien, *subir tous les caprices de l'oligarchie, et végéter dans sa dépendance.*

Ou bien, *s'en affranchir à jamais, en rappelant la Nation à l'exercice des droits reconnus par Louis XVI.*

On ne peut se le dissimuler, la position du Titulaire actuel est devenue critique ! les doctrinaires lui ont persuadé qu'il suffisait d'escamoter un trône pour le conserver; mais malheureusement pour leur habilité prestidigitante, ce n'a été qu'un trône constitutionnel, et ce trône n'est qu'une ombre qui ne peut se transformer en réalité que par le vote de la Nation loyalement consultée.

Osera-t-on risquer l'éventualité de ce vote ?

CHAPITRE VII.

Gouvernement Monarchique.

Les partisans de la monarchie constitutionnelle, c'est-à-dire du gouvernement oligarchique acceptent la Royauté pourvu que le Roi *règne* et ne *gouverne pas*.

ROI, vient du mot latin *rex*, et ce dernier de *regere*, conduire, gouverner.

Cette étymologie suffit pour démontrer le *non sens* des disciples de l'école dite constitutionnelle.

Un ROI qui RÈGNE, et qui ne GOUVERNE PAS! Nous félicitons sincèrement ceux qui attachent un sens positif à ce mot RÈGNE, dans son application à un ROI qui ne GOUVERNE PAS; pour nous, nous avons le malheur de n'en pas comprendre la portée.

Ce ROI-là nous rappelle involontairement *le Roi de Cocagne*, et nous ne voyons pas trop son utilité pour la Nation sur laquelle il *règne* sans *la GOUVERNER*.

A-t-il dans le fonds, une fonction qui serve à quelque chose, si ce n'est à sa vie matérielle?

Il nomme des Ministres; mais ces ministres sont tenus d'aller se faire confirmer par la majorité *d'une Chambre de Députés plus puis-*

sans que lui, puisque s'ils n'acceptent pas ces ministres, leur nomination cesse d'avoir son effet.

Il est censé nommer aussi à une multitude d'emplois; mais ce n'est encore là qu'une fiction; car, si ses ministres n'ont de pouvoir que *sous le bon plaisir des Députés*, à plus forte raison doivent-ils leur faire les honneurs de *ce soliveau couronné*; mettre à leur disposition toute son apparente prérogative et les emplois auxquels il est censé nommer !

Les mots ne font pas les choses; un roi *sans pouvoir réel* n'est qu'un fétiche à l'usage de l'oligarchie.

Un Député avec le titre de *Représentant du peuple* et *l'initiative des Lois*, est un *ROI très positif*. Nous avons démontré cette assertion, chap. IV, et nous croyons inutile d'y revenir.

Tout est fictif dans un Roi constitutionnel à l'anglaise.

Le titulaire d'une pareille royauté n'est au fait qu'un vain simulacre, aussi impuissant qu'un Doge de Venise, et bon, tout au plus, à servir de manteau à la puissance réelle de l'oligarchie.

Une Nation peut s'épargner les frais de cet eunuque politique, son entretien est trop couteux (1).

D'autres partisans de la royauté ne la conçoivent qu'avec un pouvoir illimité, et des ministres gérans toutes les affaires publiques par des *agens à la nommination du Roi*, c'est-à-dire *de ses ministres*.

Ces deux opinions sont également opposées aux intérêts réels des peuples, et aux pratiques

(1) Bonaparte appelait cela un porc à l'engrais.

de l'ancienne monarchie française, avant qu'elle eût été dénaturée par l'ambition ministérielle.

Alors les Rois gouvernaient, et les Ministres administraient, dans ce sens :

1.° Qu'ils préparaient avec leurs ministres les lois nouvelles propres à l'action du gouvernement; calculaient les besoins en hommes et en argent, et en proposaient l'acceptation aux Etats généraux ;

2.° Qu'ils veillaient à l'exécution des lois civiles et criminelles, par l'intermédiaire de la Magistrature, et à l'application des charges publiques, par celui des officiers municipaux et des états provinciaux ;

3.° Qu'ils disposaient, dans l'intérêt général de l'Etat, des hommes et des subsides accordés par les Etats généraux.

Mais la gestion des affaires communales et provinciales restait entre les mains des officiers municipaux et provinciaux librement élus par les trois ordres de l'Etat alors existans.

Aussi, Machiavel qui vint en France comme secrétaire de Légation au commencement du 16e siècle, admira-t-il alors notre forme de gouvernement ! On peut en voir l'éloge dans le 19e chapitre de son Prince ! Il jugeait nos institutions contemporaines parfaitement propres à assurer la tranquillité des sujets et du monarque; il félicitait ce dernier de ce que les choses étaient ordonnées, de manière que la magistrature protégeait les peuples contre les grands, sans que le Roi pût devenir un objet de haine de la part des uns et des autres; et surtout de ce que *le Prince ne s'était réservé que la distribution des grâces*, laissant à d'autres, *l'application des charges.*

Cette Monarchie méritait bien, alors, d'être proposée comme modèle de gouvernement par un penseur aussi profond et aussi érudit que Machiavel; car, dans le jeu de cette combinaison, il ne pouvait naître aucune occasion de mésintelligence entre le Prince et les sujets.

Ces derniers savent bien, en effet, que les Etats ne se soutiennent que par les lois, les hommes et l'argent; or, quand les lois et les subsides en hommes et en argent sont proposés au peuple ou à ses mandataires, et librement consentis par ces derniers;

Quand l'application des charges est faite aux administrés par des administrateurs de leur choix sous la surveillance de Commissaires royaux chargés d'en maintenir l'exacte répartition, et de prévenir l'exercice de toute espèce d'arbitraire, quel sujet de querelle pourrait naître entre le prince et les sujets ? on n'en voit pas la possibilité.

Mais, vers cette même époque objet de la juste admiration du politique Florentin, les ministres commencèrent à vouloir substituer leur ingérence personnelle à celle des autorités locales, et leur intervention tracassière par la voie des intendans, date du règne de Henri II.

C'est à cette époque que se rattache en France la confusion du gouvernement et de l'administration, et l'introduction de l'arbitraire ministériel si contraire aux véritables intérêts, non-seulement du peuple, mais du titulaire de la royauté contre lequel l'arbitraire soulève nécessairement tous les intérêts injustement blessés.

Il ne faut pas, en effet, qu'un Roi suppose les intérêts assez peu intelligens, pour ne pas remonter à la cause première des violences dont ils sont victimes. C'EST AU SOUVERAIN QUE SE REPORTENT TOUS LES GRIEFS ; comme un particulier blessé par la main d'un autre, n'accuse pas cette main, mais la personne qui s'en est servie pour le blesser.

CHAPITRE VIII.

Confusion du Gouvernement et de l'Administration.

Cette confusion a été la cause de toutes nos grandes perturbations, tant dans l'ancien régime, que sous la restauration.

Les Princes ne sauraient être trop prémunis contre cette confusion.

Ses conséquences deviennent l'écueil le plus funeste pour leur autorité, et celle de leur dynastie.

Il faut donc qu'ils apprennent à bien distinguer les attributions réellement compétentes à la royauté, *pour ne retenir que* CELLES-LA;

Les empiétemens au-delà deviennent un embarras personnel pour eux;

Un sujet de griefs très légitimes de la part de leurs sujets;

Une source de dilapidation et d'abus de la part de leurs ministres.

Nous croirons avoir donné une indication générale assez sûre pour distinguer les attributions qu'il importe aux Rois de retenir, en les invitant à peser dans leur âme et conscience, si ces attributions sont réellement nécessaires *à la protection de leurs sujets*, et si ceux-ci n'éprouveront pas, plutôt un dommage, qu'un bienfait de l'exercice absolu de ces attributions par leurs ministres, ou les créatures de ceux-ci.

Dans notre opinion consciencieuse, la monarchie, par son institution naturelle, est un gouvernement *tout de protection pour l'universalité des sujets :* il ne devient tyrannique que par l'abus qu'en font les ministres dans leur intérêt personnel, substitué à celui de la royauté.

Si celle-ci était toujours servie par des *Sully*, elle serait adorée comme la 2.e providence de la société; mais les *Sully* sont rares et les intrigans foisonnent.

Gouverner et administrer peuvent sembler synonymes quand ils s'appliquent aux actes généraux du gouvernement.

En effet, veiller aux intérêts extérieurs de l'Etat, observer les actes des Puissances extérieures, en calculer les résultats, sonder leurs dispositions, s'y associer, ou s'y opposer, selon l'intérêt de son peuple, donner les ordres en conséquence, en assurer et en suivre l'exécution; c'est administrer autant que gouverner, et sous ce rapport les mots sont synonymes.

Dans l'intérieur, méditer les améliorations praticables, concevoir de nouvelles mesures; en discuter le mérite, les soumettre, en forme de projets de lois, aux députés des contribuables; pourvoir, par les meilleurs choix, à tous les offices qui doivent concourir à assurer l'exécution et la protection des lois; c'est encore administrer autant que gouverner; et ces importantes attributions sont exclusivement compétentes à la personne des Rois.

Mais, du droit d'intervenir pour l'exécution

régulière des lois, faire sortir celui d'introduire des agens exclusifs de son choix pour l'application des charges publiques et la gestion des affaires locales, c'est confondre toutes les idées ; c'est travestir les nobles fonctions de la Royauté ; *c'est abdiquer son auguste Protectorat*, c'est se rendre juge et partie à l'égard des contribuables ; c'est abjurer le contrôle et la surveillance, *pour se rendre soi-même exacteur et maltotier* ; qu'on nous pardonne l'expression ! Nous l'employons à dessein ; peut-être les Princes comprendront-ils mieux l'abjection du rôle auquel la cupidité, ou la maladresse de leurs ministres les a fait descendre dans les temps modernes, sous prétexte de fortifier leur autorité, quand ils verront les faits résumés dans leur triste nudité !

Ce changement de rôle a pris date en France, comme nous l'avons dit, à l'époque de la création des intendans de province.

Destinés, en apparence, à remplir les fonctions des *missi dominici* qui sous Charlemagne, fesaient jouir les provinces de la protection royale, ils dégénérèrent promptement de l'objet de leur création, et se rendirent bientôt les instrumens obséquieux de l'arbitraire ministériel.

Aussi leur administration devint-elle généralement, à quelques exceptions honorables près, odieuse aux provinces ! flétrie et réprouvée en 1648 par un arrêt du parlement de Paris, elle fut, à cette époque, l'occasion de débats violens qui donnèrent lieu à la guerre de la Fronde (1).

La Fronde vaincue, les prétentions ministé-

(1) Voir les Mémoires contemporains et ceux du Cardinal de Retz.

rielles se ravivèrent de plus belle. Les libertés publiques disparurent devant ces prétentions ; les impôts s'aggravèrent, les dilapidations se multiplièrent, et les idées de résistance recommencèrent à fermenter dans toutes les têtes ; l'éclat du règne de Louis XIV contint la fermentation; elle se réveilla sous Louis XV. Le désordre des finances lui servit d'aliment ; enfin, à l'époque de 1789 l'administration des intendans était devenue le sujet de l'animadversion universelle ; telle était alors, contre eux, la réprobation publique, qu'au moment où l'assemblée dite Constituante organisa les administrations départementales il fut impossible d'y introduire un commissaire royal chargé du ministère public.

C'était une lacune immense dans les attributions nécessaires à la royauté; mais les esprits de cette assemblée qui comprenaient le mieux le vice de cette lacune ne purent, malgré tous leurs efforts pour la réparer, rien obtenir de la majorité de leurs collègues agissans sous l'empire de la haine excitée par l'administration des intendans.

Bonaparte dont le pouvoir était sans racine ne pouvant pas agir en Monarque, organisa le despotisme.

Un Monarque, selon l'observation judicieuse de Montesquieu, *doit se juger en sûreté* ; un despote doit se croire en péril. Bonaparte comprenait cette différence, il n'avait pas le choix de sa position.

De là, vint qu'au lieu de se renfermer dans les grandes et nobles attributions propres à la monarchie légitime, il reprit les erremens du cardinal de Richelieu qui, selon l'expression du fameux cardinal de Retz, *forma dans la plus légitime des monarchies la plus scandaleuse tyrannie qui ait peut-être jamais asservi un Etat.*

Mémoratif, cependant, de la haine encore vibrante contre les intendans, Bonaparte ne crut pas devoir les rétablir sous leur ancien nom; il créa des préfets pour administrer en son nom les départemens, et pénétrant dans les derniers ressorts du mécanisme social, il fortifia son despotisme par la nomination directe à tous les emplois depuis celui de garde champêtre jusqu'aux plus élevés; il voulut tout voir, tout manier, tout décider arbitrairement: les lois ne furent pour lui qu'un simulacre à l'usage de sa volonté.

Le succès de ses entreprises militaires couvrit la violence qu'il fit à toutes les libertés publiques; il parvint à comprimer, par la crainte, la haine qu'inspirait leur violation; mais il ne pouvait rien sur les sentimens qui dominent le cœur humain et qui, régularisés par des lois en harmonie avec l'intérêt général, bien loin d'être un obstacle à la marche du gouvernement, en facilitent l'exercice par le concours intellectuel des peuples.

Un Gouvernement légitime n'exige que les sacrifices réellement nécessaires à la prospérité commune.

Ces sacrifices, il est aisé de les obtenir de la raison publique, quand on lui en démontre la nécessité, et surtout lorsque les contribuables interviennent dans leur application par le choix d'administrateurs investis de leur confiance.

Telle fut probablement l'opinion de LOUIS XVIII, lorsqu'en 1814 il abdiqua franchement le despotisme créé par Bonaparte, pour rentrer dans la ligne tracée par LOUIS XVI.

Monarque légitime, sympathique avec tous ses voisins, Louis XVIII sentit qu'il n'avait pas besoin du despotisme ; il comprit que ce serait pour lui la chemise de Nessus, et qu'il avait mieux à faire que *de se coucher dans le lit de Bonaparte, en changeant seulement les draps*; il répudia le lit.

Malheureusement il crut devoir prendre ses ministres parmi des hommes élevés à l'école du despotisme; et ceux-ci, au lieu d'en répudier les formes comme Louis XVIII en avait répudié le principe, ne songèrent qu'à étendre, et à perfectionner les institutions impériales.

Vainement un écrivain qui joint, à la profondeur de la pensée, le mérite d'une expression vive, tranchante, quelquefois amère, et d'autant plus incisive (1) prit-il l'initiative pour les avertir du danger de confondre le gouvernement et l'administration ! vainement renouvela-t-il, à plusieurs reprises, ses avertissemens salutaires ! il ne fut pas écouté. Les ministres de la Restauration persistèrent tous à croire, en dépit des argumens les plus logiques, que l'action du gouvernement devait embrasser l'administration publique, non-seulement, par voie de direction uniforme et de protection pour les administrés, mais par voie de gestion exclusive; qu'en conséquence ils devaient, à titre de tuteurs spéciaux, s'emparer par leurs agens immédiats, de l'administration locale, sans le concours des intéressés; et qu'ils pourraient, *eux ministres de*

(1) M. Fiévée. J'ignore la ligne qu'il a pu suivre, mais ses variations ne changeraient rien au mérite de ses premières idées.

la monarchie légitime qui venait d'abdiquer LE DESPOTISME, poursuivre un système que Bonaparte n'avait pu maintenir, qu'en brisant toutes les plumes, et en muselant toutes les bouches.

Ces hommes inconsidérés ne tinrent aucun compte de la liberté de la presse de l'indépendance de la tribune substitués au mutisme du parlement impérial ; ils ne comprirent pas un mot de la révolution introduite par la charte de 1814 ; ils furent sourds à tous les avertissemens.

Les méditations sur les grands intérêts de l'Etat, sur les véritables besoins de la société, sur les institutions propres au développement de la charte, leur discussion dans le conseil, la rédaction des projets de lois, des ordonnances, et instructions nécessaires à l'action du gouvernement ; la présentation au roi des principaux officiers de son autorité, l'organisation des armées de terre et de mer, le perfectionnement de l'administration, et son affranchissement de la bureaucratie, les relations extérieures, la correspondance générale et particulière, la haute direction des services publics, la recherche de toutes les améliorations possibles ; ces grandes et belles attributions qui associent les ministres aux nobles fonctions de la royauté et qui les illustrent eux-mêmes, quand ils concourent, par leurs travaux, à en relever l'éclat et en faire sentir les bienfaits, tout cela parut un fardeau trop léger à ces modernes hercules ; ils s'obstinèrent, malgré les leçons terribles de l'histoire, à fortifier le despotisme ministériel, à travestir la monarchie en tracasserie domestique, à conserver et étendre le régime impérial.

Ils furent entretenus et peut-être initiés dans ces belles résolutions par la domination d'une puissance secondaire qui, sous le despotisme impérial, était devenu son instrument indispensable.

Cette puissance est celle des bureaux de Paris; puissance moderne insignifiante par son titre, mais de fait plus réelle que celle des ministres eux-mêmes, grâces à l'envahissement qu'elle a su faire de tous les intérêts publics et privés, pour en accaparer, dans son sein, la gestion exclusive; puissance à peu près inamovible dans son personnel; introductrice, à ce titre, de tous les nouveaux ministres à l'exercice du pouvoir; mais ayant accommodé ce pouvoir de manière à n'en laisser aux titulaires que la représentation; puissance parvenue, depuis la révolution, à résumer en elle toute celle du gouvernement; cotterie radicalement étrangère à tout sentiment d'affection pour les dépositaires transitoires de l'autorité, mais se cramponnant à eux, avec l'apparence du dévouement, pendant leur existence passagère, et les reniant, avec empressement, au moment de leur chute; cotterie qui survit non-seulement aux péripéties ministérielles, mais aux plus grandes catastrophes politiques, et qui reste debout sur toutes les ruines; au point que tous les départemens ministériels sont encore occupés par des vétérans de tous les régimes, exploitant sans relâche toutes les formes de gouvernement, profitant de toutes les révolutions pour augmenter leur importance et leur clientelle, criant à tous les nouveaux pouvoirs que la patrie est sauvée pourvu qu'on les accepte comme auxiliaires et que tout est perdu si l'on s'avise de toucher au moindre rouage de la bureaucratie.

Le public ne peut se faire une juste idée de la tyrannie bureaucratique ; c'est tout au plus si les ministres la connaissent bien : tel est sorti d'un ministère sans s'en douter ! Comme la correspondance arrive par masses, il leur est impossible de la lire ; elle tombe donc dans un secrétariat général composé de plusieurs commis qui, selon le texte en marge des dépêches les renvoyent aux bureaux compétens. Les chefs y donnent suite ou non selon leur bon plaisir, ou les renvoyent à des sous-chefs, ceux-ci à des premiers commis pleins d'importance ; les bureaux décident, font ou ne font pas de réponses : si quelque correspondant insiste, demande une décision signée du ministre, les chefs font la sourde oreille, et s'il essaye de triompher de la résistance, un bel et bon rapport en forme de plaidoyer contre l'indiscret, lui vaut enfin le rejet de sa demande, quelque légitime qu'elle soit.

« Ce qui perdit les dynasties de Tsin et de Souy, dit un auteur Chinois, c'est qu'au lieu de se borner comme les anciens, à une inspection générale seule digne du souverain, ces princes voulurent gouverner tout immédiatement par eux-mêmes (1) ». Prétention fausse, impossible à remplir, et dont le résultat est le mécontentement général.

Marchant dans cette voie, associant à son esprit d'envahissement l'amour-propre des ministres, sous prétexte de conserver leurs légitimes attributions, la bureaucratie est parvenue à leur persuader

(1) Compilation d'ouvrages faits sous les Maing, rapportés par le père Duhalde.

Que leur action devait descendre jusque dans les intérêts les plus minimes de la hiérarchie administrative, non-seulement pour les diriger dans une voie uniforme, ou pour les protéger, mais pour les manier exclusivement.

Que renoncer à ce tripotage serait abdiquer les droits de la couronne et du ministère, ou tout au moins en compromettre l'intégralité.

Inspirant tous les actes du gouvernement dans le sens de cette doctrine, la bureaucratie a dépouillé les provinces de toute participation efficace à la gestion de leurs intérêts; à ce point, que l'administration des intendans autrefois l'objet de tant de haine, cause principale des troubles de la Fronde et de la terrible révolution de 1789 serait reçue comme un bienfait, comparée au régime hérité de l'empire.

Dans les armées de terre et de mer, toute l'autorité hiérarchique des officiers, à commencer par le grade de sous-lieutenant, à finir par celui de maréchal de France, est passée, depuis long-temps, sous sa coupelle meurtrière; elle ne leur a laissé que ce qu'elle ne pouvait pas disputer, l'exercice de la discipline et des manœuvres; encore envoie-t-elle auprès de tous les corps, sous le titre d'inspecteurs, des créatures de son choix pour contrôler l'autorité des commandans stationnaires; elle semble avoir à cœur de bien confirmer, dans l'esprit des troupes, l'opinion de la nullité positive de leurs chefs immédiats, et craindre que cette nullité ne soit pas assez évidente pour tout le monde.

La création de ce système, sous la direction de Bonaparte, s'était fortifiée de toutes les nécessités de sa position, et les bureaux de Paris avaient habilement profité des circonstances pour étendre leurs attributions.

Bien loin de diminuer en importance sous la restauration, ils ne firent que les étendre encore davantage.

C'était le contre-sens le plus complet avec la charte, surtout en ce qui touchait l'administration civile.

Bonaparte renchérissant sur l'ancien arbitraire ministériel avait placé dans toutes les localités des sentinelles ardentes de son despotisme qui, sous les titres de préfets, de sous-préfets et de maires, étaient chargées de lever pour lui des hommes et de l'argent, et d'exécuter tous les ordres arbitraires qu'il lui plaisait de donner.

Au lieu de renverser cet échafaudage d'un despotisme répudié par LOUIS XVIII ; au lieu d'accomplir les intentions paternelles de LOUIS XVI, consignées dans sa déclaration du 23 juin 1789, et de constituer les administrations provinciales selon le mode indiqué par ce Prince, les ministres de la restauration s'obstinèrent à conserver le régime impérial, parce qu'il leur laissait l'exercice d'un grand patronage.

La protection des intérêts privés, ce grand et noble attribut de la monarchie avait péri dans la tempête révolutionnaire, et Bonaparte en faisant exercer, sans contrôle, son autorité par des agens de son choix, avait laissé la porte ouverte à tous les genres d'arbitraire; c'était un devoir pressant pour les ministres de la restauration de rétablir ce protectorat si honorable pour la royauté : ils n'y pensèrent même pas.

Des contrôleurs dans l'intérêt du fisc, vous en trouvez à chaque pas ! Il semble que tous les devoirs ministériels consistent à harceler le zèle des percepteurs des tributs ; à donner la chasse aux contribuables ; à commenter les lois fiscales, de manière à ce qu'ils ne leur échappe pas la moindre bribe des impôts, et à peser sur eux jusqu'à siccité d'expression ; mais des protecteurs à l'égard des contribuables ! vous n'en trouvez nulle part.

Un contribuable est-il injustement imposé, ou surchargé ? il doit d'abord PAYER, et ce n'est qu'en joignant la quittance du percepteur, qu'il est admis à présenter sa pétition en décharge ; cette pétition doit être sur papier timbré (surcroit d'imposition) pour être admise à passer par les mille et une filières des bureaux, où elle reste sans solution ; ou bien n'en produit qu'une arbitraire et conforme à l'amour-propre des premiers auteurs du grief intéressés à le justifier. Que faire alors ? recommencer ce cercle vicieux pour ne rencontrer partout que des refus ? Le contribuable se résigne en maudissant le régime (1).

Eh puis ! l'on s'étonne qu'il existe en France un esprit hostile à la royauté ! Certes, quand les ministres la présentent sous de pareilles formes, il serait difficile de la faire bénir. Bonaparte avec sa main de fer put bien contenir l'expression de de la haine qu'excitait son despotisme et celui de ses suppôts ; mais les sentimens, on ne les

(1) L'auteur a fait l'expérience des faits qu'il dénonce.

étouffe, qu'en extirpant la cause qui les produit (1).

Voilà ce qu'auraient dû comprendre les ministres de la restauration chargés de l'exécution et du développement des principes de gouvernement déposés dans la Charte.

Comment purent-ils trouver, dans des principes de liberté et de protection, des germes opposés ?

Mais, parce que Bonaparte avait tout fait plier sous l'empire de la force, ils crurent *que c'était le moyen de gouvernement* PAR EXCELLENCE ; et qu'on a toujours raison avec des préfets et des gendarmes........

« L'empire romain mis à l'encan et celui des
» Ottomans exposé tous les jours au cordeau
» nous marquent, par des caractères bien san-
» glans, dit le cardinal de Retz, l'aveuglement
» de ceux qui font consister toute l'autorité dans
» la force ».

(1) Il y a en Savoie une institution admirable. C'est un avocat des pauvres chargé de défendre, au civil comme au criminel, tous ceux dont les facultés pécuniaires sont au-dessous des frais que comporte la défense de leurs intérêts; tous leurs actes sont affranchis des droits du fisc : Cette mission est toujours confiée à des hommes de talent et de moralité ; elle est le marchepied de la magistrature et des hauts emplois.

CHAPITRE IX.

Conséquences du Système impérial continué sous la Restauration.

Sans nous occuper davantage des vices intérieurs de ce système, arrêtons-nous seulement à ses effets les plus évidens.

Le monarque et les sujets y ont-ils trouvé ce qui est le but positif de tout gouvernement? *repos* et *sureté*.

Il suffit de consulter la liste des ministres et la foule immense des créatures qui les ont suivi sur la scène politique pendant la restauration, pour juger de l'agitation contemporaine dans le Cabinet et dans la Nation.

Le renouvellement de 62 Ministres et de leur clientelle, ainsi que la chute du trône, protestent énergiquement contre la poursuite obstinée de ce système, et contre l'aveuglement des conseillers de la couronne.

Quelle considération, quel respect, quelle reconnaissance pour le gouvernement, pouvaient naître de ces luttes perpétuelles entre les aspirans au pouvoir, ne paraissant tous occupés que du désir de l'exploiter dans leur intérêt personnel, sans que le changement d'acteurs amenât aucune combinaison véritablement utile aux gouvernés?

Est-ce, en faisant des emplois un sujet toujours renouvelé de compétition, en froissant les intérêts publics et privés, en ne montrant aux contribuables que des satellites ardens à les pressurer, en les privant de toute protection, qu'on mérite leur attachement, qu'on maintient la société en repos, qu'on inspire de la confiance dans l'autorité ?

Vraiment, il a fallu qu'un bandeau de plomb pesat durement sur les yeux des partisans de ce système pour ne pas voir quelles conséquences funestes devaient en résulter pour la royauté ? Quel plus misérable rôle pouvait-on lui faire jouer pour la rendre impopulaire ?

Aussi, pendant que les ministres s'obstinaient à la poursuite de ce système et croyaient se rendre d'autant plus importans qu'ils multipliaient leur patronage au profit de leurs commis, le mécontentement, la désaffection pénétraient chaque jour davantage dans toutes les classes ; les ennemis de la dynastie et ceux de la royauté en profitaient pour soufler le feu de la discorde.

Les Ministres, par leur obstination à refuser les institutions qui devaient sortir de la Charte, appellaient sur le trône la solidarité de ce refus et donnaient des armes terribles aux détracteurs de la dynastie.

L'opposition ne se borna bientôt plus à réclamer les institutions promises ; elle pénétra dans le sanctuaire, elle commença à disputer à la Couronne le droit de conserver ses conseillers, en attendant qu'elle pût lui en dicter de son choix : une adresse irrespectueuse força Louis XVIII, en 1821, à renvoyer son Conseil.

Le ministère qui succèda paraissait devoir profiter de la leçon et l'on s'attendait de sa part à un changement de système, avec d'autant plus de confiance que le chef de ce nouveau conseil avait, lui-même, lancé du haut de la tribune anathème contre le régime impérial : mais démentant aussitôt ses propres doctrines, il ne montra d'ardeur que pour conserver le système contre lequel il avait déclamé.

Plein de confiance dans les ressources de son esprit, il s'abusa sur la puissance qu'il en pouvait tirer pour la conduite du gouvernement.

L'esprit le plus artificieux, en présence de la liberté de la presse, ne sert plus à rien aujourd'hui. Le temps de Mazarin est passé !

Proclamer des principes de libertés publiques, et en dénier les conséquences et les bienfaits, à ceux qui peuvent les réclamer impunément par la voie de la presse, et d'une tribune parlementaire, c'est une tâche au-dessus de la finesse la plus déliée.

Aussi, tandis que le principal ministre s'exaltait dans son imprudente confiance, au point de risquer, pour 1828, le renouvellement de la chambre élective, l'opinion publique fesait justice de son extrême présomption. Menacé de la manifestation du mécontentement qu'il avait excité, il n'osa pas attendre l'adresse qui devait l'exprimer.

Un nouveau conseil essaya de concilier les exigences de la Charte avec la conservation du régime impérial ; alliance adultère impossible à maintenir par la plus grande habileté ! La majorité lui manqua.

Cependant l'opinion devenait, de plus en plus,

hostile au trône, et parce que pendant 15 ans les ministres n'avaient pas su briser le joug de la bureaucratie et le régime impérial, le monarque fut soupçonné de vouloir détruire la Charte, au moment même où il méditait, avec son conseil de rechef renouvelé, un changement complet dans le système administratif au profit des libertés publiques (1).

Mais la patience était malheureusement épuisée par la prévention, et l'usage intempestif du droit réservé à la royauté par l'article 14 de la Charte, ne pouvait qu'accroître cette prévention au lieu de la diminuer. Une émeute isolée suffit pour briser le trône dans le mois même où il se rendait le plus digne de la reconnaissance publique par les bienfaits qu'il préparait, et par la brillante conquête d'Alger.

Cet historique rapide et vrai restera probablement sans influence *sur cette classe de royalistes qui s'obstinent à prendre le gouvernement de Bonaparte pour* MODÈLE DE MONARCHIE, et sur ceux qui se dissimulent que les mêmes causes produisent toujours les mêmes effets.

Restés sourds aux leçons de l'histoire de la Fronde et de la révolution de 1789, pourquoi se rendraient-ils à celles de 1830? voyant les effets, sans remonter aux causes, ou sans vouloir reconnaître les véritables, aucune autorité n'a d'empire sur eux; tout entiers à leurs pré-

(1) Ce projet ne peut plus être révoqué en doute; les preuves sont déposées aux archives de la Chambre des Pairs. Dieu a permis que le même tribunal qui fut l'instrument des passions populaires, recueillit la preuve irrécusable de l'innocence des condamnés. (*Voir les Considérations politiques de M. de Polignac.*)

ventions systématiques ils ne veulent écouter qu'elles.

Quel profit cependant est-il résulté, pour la branche aînée des Bourbons, de la conservation du régime impérial ? cette conservation a été la marotte des ministres de cette branche et de leurs amis. C'était à titre de serviteurs les plus fidèles et les plus dévoués qu'ils en ont préconisé l'excellence; c'était, pour eux, l'arche sainte; il fallait bien se garder d'y toucher; abdiquer la gestion des affaires locales, permettre aux contribuables d'y intervenir seulement par la présentation de leurs candidats pour l'administration, c'était introduire la République dans l'état; il y allait du salut de la monarchie et surtout de la dynastie! tel était alors le langage accrédité.

Les événemens se sont développés; le régime impérial a été conservé, et n'a pas préservé la branche aînée; cela est évident pour tout le monde; mais ce qui ne l'est pas également et qui devrait l'être, c'est que, c'est l'obstination à conserver ce régime qui a fini par amener la révolution de 1830.

« Lorsqu'on prétend rendre le gouvernement
» présent dans tous les intérêts de localité, on
» risque de compromettre le gouvernement par-
» tout; de faire peser sur lui la responsabilité
» morale des fautes de l'administration; et
» comme ce péril est sans compensation pour
» la royauté, on l'expose sans utilité comme
» sans profit. »

M. Fiévée en consignant cette sentence dans une brochure en 1821, signalait bien le péril qu'on faisait courir gratuitement à la royauté.

Cette sentence a été réalisée par les événemens; ils ont prouvé combien il avait raison de dire que le péril auquel on exposait la royauté était sans compensation pour elle. Mais il y en avait pour la cotterie bureaucratique, savoir: la conservation de son ingérence dans les affaires locales ; aussi l'a-t-elle maintenue, il n'y a eu de sacrifié qu'une dynastie : qu'est-ce que cela fait à la bureaucratie ? elle en sacrifierait par douzaine à la conservation de ses intérêts, en affirmant toujours que seule elle comprend et peut conserver, dans leur intégralité, ceux de la royauté.

C'est à l'esprit de la bureaucratie qu'il faut encore attribuer la Loi intervenue le 22 juin 1833 ; Loi toute dans l'intérêt de cette lèpre incarnée au corps politique depuis l'introduction du despotisme impérial et qui semble indélébile, en dépit de toutes les modifications survenues dans le gouvernement.

Ainsi, par l'effet de cette loi, l'action administrative reste exclusivement dévolue aux agens ministériels ; seulement une apparence de contrôle est déférée aux Conseils généraux.

Pour justifier ce système on se prévaut des principes ci-après ; savoir :

1.° Que l'administration générale appartient au Roi (1), et conséquemment doit être exercée par ses agens directs ;

2.° Qu'elle doit être *une*, et que son unité serait rompue par l'ingérence d'agens qui ne

(1) La charte de 1814 l'avait dit : mais elle aurait dû définir ce mot, dont la fausse acception a renversé la branche aînée et renversera tous les rois qui s'obstineront à lui donner la même étendue.

seraient pas les créatures exclusives du Roi ou de ses ministres.

Toujours la même confusion !

Sans doute l'administration générale appartient au Roi ; mais nous avons expliqué ci-devant ce qui compète à l'administration royale et comment elle doit se modifier dans l'intérêt des administrés.

L'application des lois administratives ne peut pas plus être faite, dans le gouvernement monarchique bien ordonné, par des agens royaux révocables à volonté, que celle des lois civiles et criminelles, par des juges amovibles selon le caprice ministériel.

On pourrait même soutenir, avec une grande force de logique, qu'il y a plus de danger, pour la masse des citoyens, à voir l'application des lois administratives remise à des agens royaux révocables à volonté, que celle des lois civiles et criminelles ; car tous les citoyens n'ont pas des procès ; la grande majorité n'est soumise à l'action des tribunaux de justice que dans des cas éventuels ; tout le monde au contraire est atteint dans sa fortune, par l'application journalière des lois administratives, et cette application est la source la plus féconde et la plus intarissable de l'arbitraire. Or, les Rois ne sauraient en répudier l'exercice avec trop de soin, dans l'intérêt de la justice, comme de leur propre sûreté.

L'application des lois administratives n'entre dans les attributions de la royauté que par voie de direction uniforme, à l'égard des administrateurs ; et de protection à l'égard des administrés.

La direction s'exerce, par ordonnances royales, ou instructions ministérielles conformes aux lois.

La protection, par l'intermédiaire des commissaires royaux chargés de requérir, au besoin, l'exécution des lois et leur impartiale application.

Quant à l'unité administrative dont on prétend mieux assurer l'observation par des agens ministériels immédiats, ce n'est là qu'un prétexte sophistique.

En effet, la loi étant une, elle ne peut cesser de l'être, que par une application fausse ou arbitraire. Or, dans le cas où les administrateurs se rendraient coupables de ce délit, ils seraient immédiatement redressés par le commissaire royal et par le ministère; mais si ce sont des agens ministériels qui en font l'application tout de travers, quel moyen de redressement existe-t-il contre eux ? Placés sous le patronage des ministres, ils échappent à toute censure, et les griefs des administrés vont se perdre dans les cartons de la bureaucratie.

En bonne règle l'autorité royale ne doit, en fait d'administration applicable aux intérêts des citoyens, intervenir que par des décisions générales; autrement elle dégénère en cour de justice, et les ministres qui sont censés exprimer le jugement du Roi, ne sont plus, bien souvent, que les organes de leurs passions individuelles, ou de celles de leurs principaux commis et de leurs cliens.

Tant qu'on restera dans cette voie, on préparera le retour des perturbations sociales.

Quelle ressource, en effet, est laissée, dans

ce système, aux administrés victimes de l'arbitraire ?

Où poursuivraient-ils le redressement de leurs griefs ?

Devant les fauteurs de ces griefs; peine inutile !

Devant les conseils de préfecture ? mais ce sont des créatures ministérielles ; donc peine encore inutile !

Devant les conseils généraux ? ils sont sans mission pour cela, et ce soin ne leur a pas été concédé.

Le régime impérial modifié par la loi du 22 juin 1833 n'apporte donc aucune amélioration réelle à la condition des administrés; ils restent, comme toujours, sans protection royale, et soumis irrévocablement à tout l'arbitraire ministériel et bureaucratique.

Au reste, la cotterie est parvenue à ajourner les attributions des conseils d'arrondissemens et de départemens, et ce ne sera pas sa faute si cet ajournement n'est pas indéfini, ou bien si ces attributions ne sont pas illusoires.

Affecter la prétention d'administrer par ses propres agens et de les contrôler soi-même, est une chose si absurde, qu'elle choque non-seulement la réflexion, mais le bon sens.

Cependant, qu'a-t-on vu depuis l'établissement du régime impérial, si ce n'est des créatures de ministres contrôlées, c'est-à-dire, protégées par leurs patrons ? ce contrôle prétendu nous a montré toute son efficacité dans les deux caissiers du trésor Matteo et Kesner dont l'Etat a dû supporter les énormes dilapidations, à peu de distance l'une de l'autre.

CHAPITRE X.

Accord des libertés publiques avec la Monarchie ramenée à son état Normal.

A la place de ce système d'oppression ministérielle si funeste à l'ancienne monarchie, reproduit par Bonaparte dans l'intérêt de sa position et qui ne pouvait pas lui survivre, concevons des administrations locales formées exclusivement de candidats issus du choix des administrés, auxquels le Roi assignerait les fonctions de présidens, adjoints et membres des conseils.

Concevons, auprès de ces administrations, des commissaires royaux chargés, dans l'intérêt des lois, d'en requérir l'exécution scrupuleuse et de protéger les administrés eux-mêmes contre tout acte illégal; enfin, de recevoir et vérifier les comptes de l'administration, avant de les transmettre à la Cour chargée de les apurer.

Dans cet ordre d'idées, la monarchie se présente à l'esprit, telle qu'elle a été conçue par l'instinct des peuples qui l'ont adoptée; comme UNE AUTORITÉ PROTECTRICE ET BIENFAISANTE.

S'il y a des charges publiques, les contribuables savent que leurs mandataires en ont reconnu la nécessité ; qu'elles sont réparties par leurs propres élus ; que le contingent affecté aux dépenses locales est employé par eux et non par des étrangers inconnus et suspects.

S'il y a négligence, violation, déviation de la loi dommageable à l'Etat ou aux administrés, le commissaire royal est là pour y veiller, pour rappeler le texte et l'esprit de la loi, pour écouter les réclamations, requérir le redressement des griefs légitimes.

L'action administrative reste dévolue aux élus des contribuables, à qui elle compète naturellement.

Le contrôle et la protection des intérêts généraux et particuliers *sont le partage de la royauté*, et c'est le plus noble patronage qu'elle puisse exercer.

Au lieu de cette compétition perpétuelle pour les emplois de l'administration qui se renouvelle à tout changement de ministre et qui fait passer, entre les mains de préfets inconnus et étrangers, la gestion des intérêts locaux, succède une stabilité parfaite et une confiance motivée dans les hommes de l'administration : une fois en place le caprice ministériel ne peut arbitrairement déposséder qui que ce soit, et s'il y a nécessité de renouvellement, c'est par des causes indépendantes des fantaisies ministérielles ; le Conseil général devient la pépinière des remplacemens.

L'amovibilité des commissaires royaux n'apporte, elle-même, aucun changement dans l'action administrative.

Réglée par la loi, cette action n'est pas soumise au caprice des personnes.

L'intervention du commissaire royal n'a lieu

que pour maintenir l'observation de la loi. Le commissaire change, le devoir ne change pas ; point de perturbation, point d'agitation possible dans le personnel de l'administration, par un changement de ministère ; le contre-coup ne se fait pas sentir en dehors du Cabinet.

A la vérité, dans ce système la cotterie bureaucratique, la centralisation tracassière est frappée jusque dans ses racines. Les commis du ministère n'ont plus à s'immiscer dans les affaires locales ; leur fonction se borne à faire des instructions générales et ce n'est que, dans le cas de violation des lois dans leur application, violation non redressée par l'administration provinciale, qu'ils ont à s'en occuper.

Le rôle du ministre s'agrandit par cet affranchissement des détails ; au lieu de consumer son temps à donner *aveuglément* une foule d'insignifiantes signatures, il s'associe intimément au noble protectorat de la royauté ; il s'occupe des méditations propres à la rendre de plus en plus chère aux peuples, et trouve dans ces hautes fonctions une considération, une gloire autrement importantes que dans le patronage mesquin d'une armée de commis toujours alertes à passer du service d'un ministre déchu, au service de son successeur, sans conserver pour aucun la moindre reconnaissance.

C'est là, ce nous semble, le Gouvernement monarchique, le Gouvernement par les lois ! l'ancienne Constitution française qui fit l'admiration de Machiavel, et grâces à laquelle, un Roi *règne* et *gouverne* pour le plus grand bien de la Société.

Nous expliquerons, plus loin, les combinaisons que nous croyons les plus simples et les plus efficaces pour arriver à la formation des administrations locales; avant tout, il faut pourvoir à l'extirpation de l'arbitraire, et à la garantie de la liberté individuelle comprise dans la Déclaration de Louis XVI du 23 juin 1789; liberté, sans laquelle toutes les autres sont illusoires; liberté constamment violée depuis la révolution, en dépit de la responsabilité ministérielle fastueusement inscrite dans les Chartes; responsabilité, dont la seule application qui en ait été faite a été un outrage sanglant aux lois de la morale et de la justice, une violation absurde de la Charte de 1814 (1)!

(1) Pendant que ceci est à l'impression on discute une loi sur cette matière, *Parturient Montes.*

CHAPITRE XI.

L'Arbitraire.

C'est, depuis la Révolution de 1789, entreprise, en apparence, pour extirper l'arbitraire, que nous l'avons vu s'exercer avec le plus de violence.

Celui tant reproché à l'ancien régime, et que nous sommes loin d'excuser, se bornait à quelques lettres de cachet presque toujours sollicitées par des familles intéressées à soustraire, à la sévérité des lois, des membres qu'il eût mieux valu laisser châtier par elles.

Toutefois la France manquait d'une garantie efficace pour assurer la jouissance de la liberté individuelle.

Aucune loi analogue à la loi anglaise dite *Habeas Corpus* ne la protégeait, et nous étions privés de l'importante intervention du Juri dans toutes les causes où la liberté individuelle était intéressée. C'était là un immense avantage de l'Angleterre sur la France, dont nous ne jouissons point encore aussi complètement.

Si les formes politiques du Gouvernement Anglais sont vicieuses dans ses sommités, au moins dans la jouissance des droits civils, les lois ne laissent rien à désirer à un anglais.

« Quelque obscur qu'il puisse être, s'il est

lézé dans sa personne, il est aussi sûr de faire condamner l'auteur de cette violence, quelque puissant qu'il soit, que ce dernier pourrait l'être, s'il était l'offensé, et que l'autre fût l'offenseur. »

« Le pouvoir des ministres eux-mêmes y est soumis aux lois, et la plus petite violation d'un droit commise par leurs ordres y est infailliblement et publiquement réparée (1). »

Ainsi l'arbitraire est en Angleterre un ennemi commun contre lequel toutes les opinions sont réunies.

En France, les partis se le sont disputés avec une égale fureur, pour l'exercer alternativement, à qui mieux mieux.

Les présidens des sociétés formées en apparence pour l'extirpation de l'arbitraire, à peine arrivés au pouvoir, ne s'en sont servis que pour exercer l'arbitraire avec *récrudescense*.

Fouillant dans l'arsenal révolutionnaire, ils en ont exhumé les lois les plus acerbes et les plus tyranniques, pour les faire appliquer aux adversaires qu'ils avaient à combattre ; et enfin, ils ont provoqué la loi contre ces mêmes associations qu'ils avaient présidées ! spectacle véritablement curieux et qui semble révéler dans le caractère français une effrayante versatilité !

Est-ce donc qu'il n'y a au fond, dans ces âmes en apparence si ardentes de liberté, d'autre passion que celle d'une domination exclusive ? au-

(1) On a vu l'anglais Wilkes obtenir 4,000 liv. sterlings (environ 100,000 fr.) de dédommagement contre le ministre qui avait illégalement fait saisir ses papiers, et de simples ouvriers illégalement arrêtés être indemnisés proportionnellement.

cune conviction, aucun principe de justice mutuelle? Non, le caractère français naturellement noble et généreux ne peut être dénué de pareils sentimens; mais il a été faussé par les violences, par les réactions, et l'habitude de l'arbitraire; ensorte que le désir de l'exercer à son tour, est devenu une soif, un besoin commun; à peu près comme en Corse, le ressentiment d'une injure provoque une insatiable ardeur de vengeance.

Il est urgent de rentrer dans les douces habitudes de la vie sociale, et de mettre un frein invincible à l'exercice de l'arbitraire.

Il faut une Loi, une Loi équivalente à l'*Habeas Corpus* des Anglais qui garantisse à chacun la jouissance de sa liberté individuelle, et un juste dédommagement pour tout détenu qui sortira acquité par le verdict du Juri.

C'est l'intervention nécessaire du Juri dans le jugement des délits politiques qui a rendu la liberté individuelle réellement inviolable en Angleterre; c'est de cette intervention seule que la liberté individuelle peut attendre, en France, son inviolabilité.

Autant nous repoussons les formes oligarchiques du gouvernement anglais, comme source d'intarissables désordres, autant nous insistons pour naturaliser en France, les formes protectrices de la première des libertés! la Liberté individuelle.

Cette liberté ne serait qu'un vain mot, si le droit d'en jouir se bornait *à ne pouvoir être arrêté ou détenu que selon les formes déterminées par la loi.*

Ce mot de Loi a acquis une puissance magique, parce que, dans le principe, il était l'expression de la justice appliquée dans l'intérêt commun; mais quand on décore du nom sacré de Loi les caprices de l'arbitraire et les extravagances de la tyrannie, cette prétendue loi devient-elle alors une garantie sociale ? tout au contraire ! elle devient un moyen d'oppression pour les gouvernans contre les gouvernés.

Or, le Bulletin des Lois depuis 1789 est un arsenal inépuisable à la merci des gouvernans.

Quel que soit le parti qui s'empare de l'autorité, il n'a pour assouvir ses passions, que l'embarras du choix. S'il usurpe ensuite le privilége de constituer des tribunaux, ou de nommer les juges chargés de l'application de ces prétendues lois, on peut voir ce que devient la liberté individuelle et *le privilége de n'être arrêté et détenu que selon les formes déterminées par la loi*; enfin, ce que deviennent les libertés publiques.

Nous allons voir les conséquences de ce travestissement.

L'ancienne Constitution française se résumait, comme nous l'avons vu, dans ces mots sacramentels.

« La loi est le résultat de la proposition du Roi et *du consentement du Peuple.* »

La Déclaration de LOUIS XVI du 23 juin 1789 statuait,

« Que le consentement des Etats généraux issus du choix de *tous les contribuables* était nécessaire à l'établissement des lois et des impôts. »

Voilà le droit positif du peuple reconnu par l'ancienne constitution !

Voilà celui de *tous les contribuables* bien consacré par la déclaration de Louis xvi. !

Cependant, malgré des droits si solennellement proclamés au profit *du peuple*, au profit de *tous les contribuables*, l'oligarchie se glisse dans le gouvernement ; elle le dénature par des actes également attentatoires aux droits de la Nation et à ceux du Monarque ; elle entre dans le champ des fictions, concentre peu à peu l'exercice des droits politiques dans un cadre de 150 mille individus privilégiés de l'aveugle Fortune ; et voilà 32 millions de Français obligés d'accepter les conséquences de cette violente usurpation, parce que les actes qui la consacrent sont revêtus du titre *de Loi !*

N'est-ce pas là la plus amère dérision ? le plus haut travestissement de la volonté générale ?

Cependant, que quelqu'un s'avise de refuser obéissance à ces actes, le Gouvernement oligarchique aura des gendarmes pour contraindre l'obéissance, et des tribunaux pour punir les récalcitrans !

A ces conditions, on voit que tous les droits généraux ou individuels dégénèrent en illusions ; que les chartes, les constitutions écrites, et la responsabilité ministérielle, ne servent à rien qu'à endormir les niais qui ont la bonhomie de les prendre au sérieux.

Quel que soit l'être COLLECTIF OU INDIVIDUEL, qui parvienne à s'emparer du trésor public, s'il trouve une force armée, disposée à le servir moyennant salaire, et de prétendus Représentans du peuple disposés à partager avec lui le bénéfice de l'usurpation, il peut, *un morceau de papier à la main* portant le titre de *Loi*, violer impunément LA LOI RÉELLE, LA LOI FONDAMENTALE, et contraindre la résistance la mieux fondée, la plus légitime, la plus sacrée !

Il peut exiger de tous les sacrifices les plus onéreux ; s'approprier, par la voie des impôts, le fruit des travaux les plus pénibles, et faire condamner aux peines les plus rigoureuses les récalcitrans, selon la gravité de leur résistance.

Vainement trente-deux millions d'individus protesteront contre cette tyrannie de deux ou trois cents individus ! ils devront s'humilier devant un chiffon de papier issu de l'usurpation des oligarques.

Toute association, pour s'entendre sur la manière d'exprimer leurs griefs, sera interdite à ces millions de victimes, imputée à crime par des juges intéressés au maintien de la tyrannie ; et cet ordre de choses subsistera, jusqu'à ce que les masses se levant comme un seul homme, fassent reconnaître leur toute puissance, et anéantissent leurs oppresseurs ; mais faute d'être préparées pour prévenir le retour de la même tyrannie, les droits de la Nation seront de nouveau méconnus, confisqués au profit de nouveaux usurpateurs et les sociétés sembleront irrévocablement condamnées à parcourir ce cercle vicieux !

Nous sentons bien que nous touchons ici la vive artère de tous les gouvernemens arbitraires, et que toute proposition tendante à couper cette artère doit faire jeter les hauts cris aux partisans de l'arbitraire; mais nous n'avons en vue que l'accord de la véritable monarchie et des libertés publiques, et nous aurions brisé notre plume, plutôt que de nous laisser détourner de ce but important.

Jusqu'ici les moyens employés pour contenir le pouvoir dans ses bornes légitimes, et assurer aux peuples la jouissance de leurs libertés, ont été peu efficaces.

Dans la République romaine, la création des tribuns du peuple compliqua le gouvernement, compromit sa tranquillité, échoua contre les ambitions personnelles, et ne conserva pas la liberté.

Dans les Gouvernemens modernes, les assemblées permanentes n'ont fait que substituer le despotisme de l'oligarchie au despotisme ministériel, introduit une rivalité dangereuse pour la Couronne, ou des transactions funestes aux libertés publiques; l'histoire de nos anciens parlemens et de nos assemblées délibérantes en portent un témoignage irrécusable; il ne faut plus demander secours, en faveur des gouvernés, à ces institutions aussi fastueuses qu'inefficaces.

Peut-être en est-il du mécanisme social, comme du mécanisme matériel, où les machines les plus simples réussissent mieux que les plus compliquées.

Les digues les plus solides en apparence ne sont pas celles qui résistent le plus; de simples paniers d'osiers ou bois équivalens remplis de graviers et disposés avec prudence par les Hollandais sur les bords de l'Océan, le contiennent dans ses envahissemens et maintiennent la Hollande intacte au-dessous du niveau de la mer.

Dégoûtés, par l'expérience, des hautes combinaisons, nous avons osé soupçonner que la conservation des libertés publiques pourrait se trouver dans l'institution la plus modeste dans sa forme, mais la plus puissante par la largeur de sa base ; institution qui restera toujours pure de toute rivalité dangereuse pour la monarchie, mais qui sera parfaitement propre à contenir l'arbitraire ministériel : cette institution modeste, c'est le Juri, mais le Juri issu du choix libre et intelligent de tous les contribuables et non des chances de l'aveugle Fortune, tel qu'il est sorti des conceptions de l'oligarchie.

CHAPITRE XII.

Modifications nécessaires à la formation du Juri.

Les conditions de fortune exigées pour l'exercice de cette partie importante de la magistrature, ne sont pas des gages suffisans de moralité et de lumières ; celles-ci ne sont point les compagnes inséparables de la richesse.

Dans l'intérêt de l'ordre public, comme dans celui des particuliers, l'élection présente plus de garanties ; car, lorsque l'électeur sera appelé à désigner ceux qui deviendront accidentellement ses juges, son intérêt lui commandera évidemment d'apporter à cette désignation toute l'attention possible, afin d'assurer la pureté du verdict que les membres du juri pourraient avoir à prononcer dans une cause où l'électeur peut lui-même devenir partie.

C'est au juri que doit compéter le jugement de tous les délits qui intéressent la sûreté de l'Etat, ainsi que l'exercice des droits individuels des citoyens.

Les chambres des pairs, les hautes cours nationales, toutes ces combinaisons fastueuses ne sont propres qu'à innocenter les grands coupables, et surtout à frapper les innocens, selon le vent des passions politiques dominantes.

Straffort en Angleterre, le ministère de Charles X en France en ont porté témoignage.

C'est au juri que compète le droit de prononcer dans les questions politiques.

Lui seul peut mettre enfin une barrière à toutes les entreprises des ministres contre la liberté individuelle, et déraciner l'habitude d'arbitraire dont tous les agens supérieurs de l'autorité royale ont soif d'user, et d'abuser.

Que les princes le comprennent bien! cette malheureuse disposition de leurs ministres est à la longue aussi funeste à l'autorité royale qu'à la liberté des citoyens.

C'est l'éternel sujet de division et de guerre patente ou secrète, entre les gouvernés, et les gouvernans.

Les uns et les autres ont cependant besoin de vivre en bonne harmonie; car ils ne peuvent exister les uns sans les autres.

Leur bonne intelligence est souvent troublée par d'ambitieux intermédiaires qui trouvent leur avantage à les brouiller.

Tantôt ce sont des ministres maladroits, ou pervers; tantôt ce sont d'ambitieux tribuns.

Un juri sorti d'une sage élection doit être parfaitement propre à prévenir leurs funestes entreprises.

Les princes ne sauraient trop se défier de ces conseillers qui ne savent attribuer les résistances morales ou matérielles des gouvernés, qu'au caprice, à l'injustice, à l'esprit de sédition, et qui croient en prévenir le retour par des lois sévères contre les associations particulières,

Ou celles-ci sont conformes à l'intérêt général; ou elles y sont contraires.

Si contraires ; elles sont impuissantes, et il vaudrait mieux les laisser s'organiser, pour en connaitre les meneurs :

Si conformes ; alors elles n'ont besoin ni de présidens, ni de secrétaires, ni de liste d'affiliés ; elles existent par le fait de l'intérêt général qui y rattache tout individu non-salarié par le pouvoir.

Une communion secrète s'établit dans les cœurs, et n'attend qu'une étincelle pour faire éclater l'explosion générale.

Celle-ci devient rapide comme la foudre et brise toutes les résistances.

La force armée sur laquelle se reposait le pouvoir se tourne contre lui, quand il est *décrié par l'injustice ou l'immoralité.*

Les militaires, *sauf quelques favoris du pouvoir*, savent bien en effet, que non-seulement ils n'ont rien à perdre à sa chute, mais tout à gagner comme *soldats* ou comme *citoyens*. Ils ne sont ni Scithes, ni Huns, ni Alains! et dès que le mécontentement général est entré dans leur esprit, leurs armes sont acquises aux ennemis du pouvoir.

Il n'y a que des empiriques qui puissent attendre, pour un gouvernement anti-national, secours des lois contre les associations, et qui croient prévenir, par elles, l'explosion du mécontentement général.

Le Club des Jacobins, celui des Cordeliers, la Municipalité de Paris, ces Associations particulières *les plus puissantes qui aient jamais existé* empêchèrent-elles Robespierre de monter à l'échafaud ?

Quand ces associations sont contraires à l'intérêt général , elles sont aussi impuissantes à conserver , qu'à renverser. Des pédans à vue courte peuvent seuls en faire une question.

Le moyen de prévenir les crises publiques n'existe que dans une organisation administrative qui satisfasse les besoins généraux.

CHAPITRE XIII.

Liberté de la Presse.

La liberté de la presse est une conséquence de la liberté individuelle.

On ne peut pas raisonnablement porter atteinte à l'une, plus qu'à l'autre.

L'homme a le droit d'agir dans son intérêt personnel ; et conséquemment d'indiquer les moyens qu'il croit les plus propres à réaliser cet intérêt.

Sa liberté individuelle ne serait pas complète, si la liberté de publier les opinions qu'il croit utiles à son bonheur lui était interdite.

L'exercice de la liberté individuelle ouvre, sans doute, la voie à une multitude de délits contraires à la tranquillité publique ; toutefois on n'a pas cru devoir enfermer les hommes pour les empêcher de se nuire.

Mais, de même que la loi punit les délits qui naissent de l'abus de la liberté individuelle ; de même la loi doit frapper ceux qui naissent de l'abus de la liberté de la presse.

Si la publicité des opinions a souvent des résultats contraires à l'ordre établi, n'est-ce pas, souvent aussi, la faute de cet ordre et de ceux qui s'obstinent à le maintenir ?

Est-il bien sûr que, dans un pays convenablement organisé où les droits de chaque individu seraient respectés, la liberté de la presse pût altérer jamais sérieusement la tranquillité publique ?

Les gouvernans se persuadent toujours que tout est pour le mieux dans la manière dont les choses sont ordonnées ; ils mettent leur amour propre, non pas à améliorer, mais à maintenir l'ordre existant, et sont disposés à considérer, comme délits punissables, la manifestation des opinions contraires.

C'est la monomanie de tous les ministres, et la France en a la preuve dans la conduite de ceux qui ont remplacé les ministres de CHARLES X.

Qui plus que les Guizot, les Barthe, les Broglie, les Perrier, les Persil, les Thiers, etc. furent hostiles au système suivi par les ministres de la restauration ? cependant à peine arrivés au pouvoir, les voilà qui suivent obstinément le même système, et cherchent à le fortifier par une Législation Draconienne !

Ils font aggraver démesurément les peines applicables à la presse, et parce que leurs anciens disciples continuent, contre ce système empiré, les mêmes hostilités dont ils avaient reçu l'exemple de leurs professeurs devenus ministres, ceux-ci s'indignent, s'exaspérent, et veulent, à tout prix, tuer ce qu'ils appellent *la mauvaise presse*.

Ils prétendent interdire, actuellement, l'exercice d'une liberté, que jadis ils proclamaient comme la plus précieuse, la plus nécessaire, la plus respectable de toutes !.

Etrange effet de l'amour-propre ! ces Messieurs s'étaient-ils donc flattés,

Que les amis de la liberté de la presse leur en

feraient le sacrifice, aussitôt qu'ils les auraient vu succéder aux ministres de Charles x ?

Qu'à cette condition, ils trouveraient alors parfait, ce que les leçons de leurs professeurs leur avaient signalé comme détestable la veille ?

Une mauvaise pièce de théâtre devient-elle agréable au public, parce qu'on la fait jouer par d'autres acteurs, fussent-ils meilleurs ?

Pour enlever ses applaudissemens, ce ne sont pas les acteurs qu'il faut changer ! c'est la pièce, et surtout il faut qu'elle soit bonne.

Au reste, tous les ministères qui se sont succédés au pouvoir sous la restauration, ont eu la même marotte, la même préoccupation : déclamateurs passionnés contre les dépositaires du pouvoir, dont ils convoitaient la possession, et leurs continuateurs obstinés, aussitôt que ce pouvoir tombait dans leurs mains !

S'étonnant ensuite de rencontrer la même opposition que leurs dévanciers, ils auraient voulu tuer la presse ; ils prenaient l'effet pour la cause et croyaient détruire la cause en frappant l'instrument ; mais on couperait la langue et les mains à tous les journalistes, que cela ne rendrait pas bon, un mauvais système !

Quand la presse acquiert de la puissance sur l'opinion publique, c'est qu'il y a un vice radical dans ce qu'elle attaque ; souvent elle se méprend sur la nature de ce vice ; elle s'en prend à l'incapacité des acteurs en scène ; et comme elle n'indique pas les moyens de remédier au vice, l'opinion froissée par un malaise dont elle ne se rend pas compte, se manifeste avec discordance, et ne sait où se prendre pour se calmer ; c'est la faute, non de la presse, mais des gouvernans : les journalistes ne sont pas tenus d'être des hommes d'état ; mais ceux qui s'avisent d'accepter les premiers emplois de l'administration, doivent être hommes d'état !

Nous avons signalé les fautes du système suivi par les ministres de la restauration ; si cette critique est fondée, comme nous le croyons, et si le lecteur a partagé notre conviction, il comprendra pourquoi la presse n'a pas cessé d'être hostile sous la restauration, et qu'elle ne peut cesser de l'être maintenant, puisque le même système est continué.

La preuve, au surplus, que c'est bien plus au système qu'aux personnes que la presse était hostile, c'est la résipiscence de l'opinion publique à l'égard des ministres de Charles x !

Elle voudrait, actuellement, les voir libres ; elle se reproche sa sévérité, son injustice envers eux ; et ce sont leurs antagonistes passionnés devenus leurs héritiers qui se sont chargés de les absoudre au tribunal de l'opinion même qui les avait condamnés ! L'opinion leur sait gré, maintenant, des intentions qu'ils avaient de changer le système que leurs successeurs s'obstinent à continuer.

La liberté de la presse étant une partie de la liberté individuelle, nous en concluons qu'elle doit être protégée par la même institution ; que ses écarts doivent être appréciés par les mêmes juges ; et ce tribunal, encore une fois, ne peut être que le juri rendu exclusivement compétent de toutes les questions qui se rattachent à l'exercice des droits politiques.

Dans les combinaisons de la véritable monarchie naturellement protectrice de toutes les libertés, il faut que le dernier, comme le premier citoyen, trouve une garantie également complète de sa liberté individuelle.

Si le redressement de cette violation était subordonnée à l'obligation de faire des démarches onéreuses, le sort des patiens serait aggravé par cette condition.

Remettre à des tribunaux étrangers la question de ce redressement, serait une amère déception.

Qui voudrait, ou qui pourrait faire les démarches prescrites ? La responsabilité des auteurs des griefs sortirait toujours nette de cette épreuve; elle ne serait, comme toujours, qu'une abstraction idéologique hors de toute application possible au profit du commun des martyrs.

C'est dans les actes de l'autorité même qu'il faut trouver la compensation de l'erreur, de la passion, dont ils pourraient être empreints; sans toutefois exercer, contre les agens de l'autorité une action nuisible à la tranquillité publique.

Ces agens doivent conserver le droit, *dans toute sa latitude*, d'ordonner des arrestations préventives; mais quand ils se sont trompés par erreur, ignorance, excès de zèle, de quelque manière enfin que ce soit; il ne faut pas, si leur erreur est constatée, que la victime de cette erreur soit privée de tout dédommagement; autrement c'est un acte de barbarie qu'on s'étonne de voir renouveler, tous les jours, au milieu d'un peuple qui prétend tenir la tête de la civilisation.

C'est pour y mettre un terme que nous croyons devoir libeller ici une formule générale pour la garantie de tous les citoyens, en matière politique, ou de presse.

PROJET DE LOI.

« Toute personne arrêtée préventivement pour délit politique ou de presse, et mise en liberté, sans avoir subi un jugement par le juri, a droit à une indemnité de détention journalière arbitrée par l'ordonnance de renvoi, depuis 3 francs pour *minimum* jusqu'à 50 francs par jour, pour *maximum*, et payable au 1.er bureau des receveurs des contributions publiques requis.

« Aucune sentence, jugement, ou arrêt portant application de peines corporelles excédant dix jours de prison pour délits en matière politique ou de presse ne peut être rendu par un tribunal quelconque, que sur un verdict préalable des membres d'un juri issu du choix de tous les contribuables directs de l'arrondissement, déclarant la culpabilité du prévenu.

« Tout prévenu acquitté par verdict du juri, pour délits politiques ou de presse, a droit à l'indemnité de détention journalière précitée, selon l'arbitrage laissé à la discrétion du juri.

Le paiement doit être ordonné par le Président du tribunal prononçant l'acquittement, et effectué par le premier receveur des contributions publiques requis.

« Lorsque le juri acquiert, par les débats, la présomption fondée que l'arrestation du prévenu acquitté est provenue d'une animosité personnelle, de la part de celui qui a donné l'ordre d'arrestation, le devoir du juri est d'exprimer cette présomption à la suite de son verdict ; mention doit en être faite dans le prononcé du jugement, lequel est référé au Garde des sceaux, pour y donner telle suite que par le Roi est ordonnée, sur le rapport qui lui en est fait.

« Tout acte contraire aux dispositions ci-dessus, est une violation de la liberté individuelle, justiciable des cours d'assises à la diligence des intéressés, à peine de forfaiture contre ceux qui s'y opposent. »

Le jour où ces dispositions seront consacrées par une loi, l'arbitraire aura entendu son dernier arrêt.

Les magistrats deviendront sagement circonspects ; ils comprendront aussi la nécessité de procéder avec plus de diligence à l'instruction des procédures.

Sans doute le trésor public sera grevé de quelques frais pour le paiement de ces indemnités ; mais la société à laquelle on sacrifie la liberté d'un prévenu, pour assurer son repos, peut bien faire le sacrifice de quelque argent pour dédommager cet homme, quand son innocence est reconnue, en matière politique ou de presse.

Peut-être conviendrait-il d'étendre ce dédommagement à tous les prévenus pour délits quelconques ; mais nous n'envisageons ici la Société que dans ses rapports politiques, et nous laissons aux Magistrats le soin de l'envisager sous d'autres.

CHAPITRE XIV.

Nécessité d'une Réorganisation Politique.

La France peut-elle consacrer le triomphe de l'oligarchie, et fermer plus long-temps les yeux sur l'état de dégradation politique, sous lequel s'est accompli l'anéantissement des anciennes franchises et libertés qui l'avaient élevée si haut dans l'échelle de la civilisation et dont LOUIS XVI lui offrait noblement la confirmation en 1789.

Toutes ses agitations intérieures depuis près d'un demi-siècle, n'ont-elles pas tristement réalisé la Fable du chien qui abandonne ce qu'il tient, pour courir après l'ombre ?

Depuis l'usurpation de l'oligarchie, depuis son invasion dans les attributs de la royauté, la France est annulée.

Une imperceptible minorité s'est mise à sa place, et sous prétexte de législater, et d'améliorer le sort de la nation, elle gouverne, au nom d'une monarchie fictive.

Elle grève annuellement le pays de charges toujours croissantes, et ses membres s'en appliquent les profits à qui mieux mieux.

Comment cet ordre s'est-il établi ? par la plus

fausse application des principes constitutifs de toute association; *par la violation* DE LA VOLONTÉ GÉNÉRALE; par l'usurpation des attributs de la royauté, sous laquelle cette volonté s'était originellement placée.

Maintenant, les précédens nous dominent; à peine quelques observateurs osent-ils remonter, par la pensée, les degrès de l'échelle que nous avons insensiblement descendus.

Les opinions dissidentes préoccupées de vaines querelles s'anathématisent réciproquement, et ne veulent voir la cause des maux qui affligent la France, que là où cette cause n'est pas.

Elles ne semblent pas se douter que cette cause est toute entière dans le retour annuel d'un corps politique dominant la monarchie, et formant *un gouvernement dans le gouvernement*.

L'expérience ne profite à personne; on suppose qu'un corps législatif tantôt unique, tantôt divisé en deux sections, est un contre-poids nécessaire à l'autorité royale, très propre à défendre, contre celle-ci, les libertés publiques.

On ne veut pas voir que le contraire de cette théorie importée d'Angleterre est précisément arrivé.

Cependant, que l'on consulte les faits généraux depuis l'intervention annuelle de ce corps dans les affaires du pays!

Ses membres n'ont-ils pas évidemment usurpé le titre de Représentans du Peuple en 1789, quoiqu'ils ne fussent les mandataires que de la minorité de la Nation.

N'ont-ils pas annulé alors la royauté, pour en exercer les attributions?

Sous la Convention, ne se sont-ils pas disputé, arraché le pouvoir avec violence ? ne se sont-ils pas décimés, et la majorité n'a-t-elle pas exercé sur la France la plus exécrable tyrannie, sous le prétexte de la sauver d'une invasion étrangère *réalisée plus tard ?*

Sous le Directoire issu de la Constitution de 1795, ce Directoire n'a-t-il pas été mutilé ? les chambres n'ont-elles pas exercé à l'égard de leurs membres les actes les plus tyranniques, l'ostracisme, la déportation dans les déserts de la Guyanne, la proscription des organes de la presse ? renouvelé, enfin, la loi sur les suspects, le tout pour la satisfaction de quelques ambitions cupides ?

En 1799, ce corps prétendu conservateur des libertés publiques, n'a-t-il pas accepté la dictature militaire, moyennant salaire pour tous ses membres, les uns à titre de tribuns, les autres de députés, les autres de sénateurs ? n'ont-ils pas, sous ces diverses enseignes, consacré l'ilotisme presque général de la France, moins cent mille privilégiés, comme électeurs ou éligibles ?

En 1814, ce corps s'est-il occupé de la France ? pas le moindrement. Mais, la portion désignée sous le nom de Sénat Conservateur s'est largement occupée de ses intérêts personnels, et de sauver ses dotations acquises antérieurement, par le sacrifice des libertés publiques, au profit d'un Dictateur !

Enfin, en 1830, mêmes actes d'égoïsme personnel de la part des deux chambres ; et depuis ! de quoi se montrent-elles occupées, si ce n'est de la conservation d'un ordre de choses favorable à quelques meneurs ?

A leurs yeux, la Nation ne semble-t-elle pas concentrée dans les hommes qui siégent au Palais-Bourbon, et dans celui du Luxembourg ?

Rêvons-nous ? Dessinons-nous ici des portraits fantastiques ? Nos assertions sont-elles démenties par les faits contraires aux résultats survenus depuis 1789 ?

Non sans doute; l'expérience a démontré, non-seulement l'inutilité du retour annuel d'un Corps Législatif unique, ou fractionné; mais le danger de ce retour.

Elle a démontré la nécessité de limiter l'intervention des mandataires des contribuables, à l'acceptation ou au refus des lois proposées par la royauté.

Elle a démontré que l'ingérence de ces mandataires dans les actes du gouvernement, ne s'accomplit jamais qu'au détriment du trésor, et qu'il ne peut en résulter que des transactions funestes aux libertés publiques.

Elle a démontré que ces mandataires n'étaient point à l'épreuve des séductions du pouvoir; qu'ils savaient composer avec lui, selon les circonstances; qu'enfin, la confiance placée par l'opinion dans le retour annuel d'un Corps Législatif pour la défense des intérêts généraux, était démentie par les faits, et devait être abandonnée comme une vaine utopie.

CHAPITRE XV.

Fausse application du Titre de Loi à des Actes de Magistrature ou d'Administration.

Les représentans du monopole électoral ont évidemment excédé les limites de leurs mandats, en s'arrogeant des droits et des attributs qui ne leur appartenaient pas.

Mais, de plus, ils ont rangé au titre de Lois une multitude d'actes purement administratifs qui ne leur compétaient évidemment pas davantage.

En effet, la loi ne peut régler que des objets qui concernent le Corps politique tout entier (1).

Hors de ce cercle, la Législation dégénère en actes de gouvernement, de magistrature, ou d'administration.

Qu'importe à la Nation l'ouverture d'un chemin d'arrondissement ? la réunion d'une commune à une autre ; celle d'un canton ou d'un arrondissement ; la construction d'un édifice quelconque ; un emprunt local et tant d'autres mesures analogues relatives à des intérêts particuliers ?

(1) Voir le chap. de la loi. Cont. Social de J.-J. Rousseau.

N'est-ce pas une dérision de soumettre, à la discussion des députés de tous les arrondissemens, l'examen d'une proposition, d'une mesure qui n'intéresse qu'une localité, qui n'est appréciable que par les intéressés ?

Pour sauver ce travers, on objecte que partie de la dépense peut être imputable sur les contributions générales.

Cette considération éclaire-t-elle davantage l'opinion d'un député du Gers, sur le mérite d'une dépense à faire dans le département du Nord ?

La réunion d'une commune, d'un canton, d'un arrondissement peut-elle être un sujet de délibération bien éclairée, bien consciencieuse, hors du département où elle est projetée ?

On comprend que, dans une loi de finances, on réserve un fonds commun, pour être appliqué selon les besoins et le vœu des administrés, à des dépenses locales et dans une proportion graduée sur les contributions ; mais qui peut être bon juge de l'application si ce n'est le gouvernement éclairé par le vœu spécial des administrateurs locaux ?

L'intervention des députés, en pareille circonstance, est évidemment un acte d'administration et non de législation ; le titre de loi donné à cet acte ne peut pas en changer la nature.

Que l'on sorte du Bulletin des Lois tous les actes de magistrature et d'administration, et l'on sera étonné de voir combien le champ de la véritable législation est rétréci !

Que l'on transporte, aux administrations locales, toutes les délibérations qui compètent à elles seules, et on verra combien la nécessité d'une réunion générale de députés sera rare ! à moins qu'on ne persiste dans le ridicule usage de refaire, tous les ans, le même budget de recettes et de dépenses, sans qu'il y ait chance de diminuer l'un ou l'autre d'une somme équivalente seulement aux dépenses résultantes de la réunion des chambres.

Réduits à concourir à la législation générale, la seule qui puisse compèter aux députés, on voit que ceux-ci ne doivent être appelés par le gouvernement, qu'à l'occasion de lois générales, ou de nouveaux impôts ; et que la durée de leur session serait aussi courte qu'elle est, dans le système actuel, prolongée.

Ils y perdront en importance personnelle ; mais combien les intérêts locaux gagneront à ce changement de système !

On ne verra plus l'exécution des travaux les plus urgens indéfiniment ajournée de sessions en sessions, et les intéressés se consumer en vœux stériles pour des améliorations ardemment désirées ! une émulation générale animerait les administrateurs d'arrondissemens et de provinces et la bureaucratie n'en paralyserait pas tous les efforts !

Dans le système actuel, qui ne voit combien les affaires sont hérissées de difficultés inextricables ?

Elles sont tombées dans le domaine des commis de Paris ; les ministres sont dans l'impossibilité morale et matérielle de s'en occuper ; comment pourraient-elles trouver dans leurs bureaux des solutions ? tout ce que cet ordre de choses apporte d'obstacles à la prospérité nationale est incalculable ; il faut que la France ait bien de ressources pour ne pas être épuisée.

CHAPITRE XVI.

Administrations Provinciales.

Nous avons montré dans le Chapitre IX les conséquences du système vicieux obstinément suivi par les ministres de la restauration; nous sommes convaincus que la poursuite de ce système serait une source intarissable de querelles entre les gouvernés et la royauté; que conçu dans l'intérêt de l'usurpation, ce système est incompatible avec les intérêts de la vraie monarchie sur laquelle il fait nécessairement peser la responsabilité morale des fautes de ses agens.

Personne ne professe plus que nous respect aux attributs de la royauté; mais *nous ne confondons pas l'intérêt personnel des ministres*, avec L'INTÉRÊT D'UN ROI.

Nous regrettons, que les devoirs du gouvernement soient tellement étendus, *qu'un Roi* soit obligé d'appeler des auxiliaires pour alléger son fardeau; mais nous pensons que, dans la nécessité d'user d'intermédiaires, c'est dans les localités qu'il lui importe de les prendre pour tous les actes d'administration qui intéressent ces localités; sauf la surveillance qui lui appartient pour assurer l'exécution régulière des lois.

Que, commettre à des ministres le droit de choisir ces intermédiaires hors des candidats désignés par les gouvernés eux-mêmes, c'est fausser le principe de la monarchie, et la faire dégénérer en *tripotage utile seulement aux ministres*, et funeste aux gouvernés.

Nous croyons que le droit de désigner les candidats de l'administration appartient aux contribuables, comme conséquence du droit de concourir au vote des contributions.

Que les contribuables sont les seuls bons juges de l'aptitude nécessaire à l'administration de commune, d'arrondissement et de province.

Que si la désignation des candidats par les contribuables peut quelquefois être erronnée, cette erreur est la moindre et la plus rare qui se puisse imaginer en pareille circonstance; et que, dans ce cas même, la royauté se trouve dans une meilleure position; car elle est alors affranchie de toute responsabilité; puisque les administrés sont seuls reprochables de cette erreur; d'où il suit que l'affection des peuples pour la royauté ne peut en souffrir la moindre altération.

Nous croyons enfin, que tout système opposé ne peut être conçu que DANS L'INTÉRÊT MINISTÉRIEL, sous le frivole prétexte de retenir ou défendre les prérogatives de la couronne.

Que ce prétexte ne couvre de la part de ceux qui s'en prévalent, que l'intention de s'approprier la distribution des emplois de l'administration, et de s'en faire un moyen de puissance personnelle; INTENTION QUE LE PRINCE A PLUS INTÉRÊT DE COMBATTRE QUE DE SATISFAIRE.

Ayant ainsi posé les motifs de notre opinion toute consciencieuse, il nous reste à trouver un mode d'élection qui, tout en donnant à chaque contribuable sa part légitime de concours au choix des candidats de l'administration, puisse amener le résultat le plus avantageux possible à l'intérêt général.

Nous ne voyons la solution de ce problême dans aucun des modes d'élection pratiqués jusqu'ici; nous ne nous flattons pas de l'avoir trouvée d'une manière absolue; toutefois, en soumettant nos idées à la discussion, nous concourrons peut-être à amener cette solution.

Auparavant, il nous reste un mot à dire sur la convenance de centraliser l'administration par provinces; mais elle est si généralement sentie qu'elle ne peut rencontrer de contradicteurs que parmi quelques intéressés dans les chefs-lieux de départemens.

Nous pensons qu'il faut, au liéu des départemens, prendre pour centres d'administration les chefs-lieux des divisions militaires.

On y trouvera l'avantage de réunir tous les dépositaires supérieurs de l'autorité royale dans l'ordre civil et militaire, et une économie immense dans les frais d'administration.

CHAPITRE XVII.

Considérations relatives aux Élections par les Contribuables.

Pour que l'élection soit la meilleure possible, chaque contribuable doit avoir un intérêt positif qui le dirige dans l'exercice de ce droit.

Cet intérêt n'aurait qu'un effet équivoque, si le candidat à élire n'était pas habituellement sous les yeux de l'électeur, et si ce dernier n'avait pas la possibilité personnelle d'en apprécier le mérite.

Aussitôt que, pour se déterminer dans son choix, l'électeur est réduit à s'en rapporter à l'opinion d'un autre, le candidat élu n'est plus le produit de celui qui lui donne sa voix, mais de celui qui le recommande; et dès-lors le principe de l'élection est faussé.

L'élection immédiate dans la commune est donc la seule qui soit l'expression vraie du contribuable exerçant son droit d'élire; mais c'est aussi la seule qui soit importante pour arriver à la satisfaction la plus rapprochée de l'intérêt général.

On ne peut raisonnablement mettre en doute la bonté des choix qui s'appliquent aux candidats à l'administration de la commune, parce que, dans cet horizon borné, tout citoyen est mentalement jugé et apprécié par ses communiers sous les yeux desquels tous les actes de sa vie s'accomplissent; et il est naturel d'espérer que chaque contribuable apportera de l'attention à ne nommer que des candidats honorables; car il sent que la conservation de ses intérêts moraux et matériels dépendra du plus ou moins de moralité et d'habileté des hommes qui vont devenir ses administrateurs.

Si l'on nous accorde la justesse générale de ces propositions, nous en conclurons que les meilleurs électeurs que les contribuables puissent se donner pour choisir les candidats à l'administration d'arrondissement, et de province, ainsi qu'à la députation aux Etats généraux, ce sont les administrateurs des communes qu'ils auront choisis au premier degré.

En effet, de même que les habitans de la commune auront été dirigés dans le choix des candidats à l'administration communale, par le sentiment immédiat de leur intérêt personnel; de même les administrateurs des communes seront dirigés par cet intérêt, dans le choix des électeurs destinés à nommer les candidats à l'administration supérieure et à la députation; car, devant se trouver, dans l'ordre hiérarchique, sous la direction de l'administration supérieure, il leur sera facile de comprendre combien il leur importe que cette administration soit formée d'hommes également probes et éclairés.

Nous croyons donc que les membres du Collége électoral chargé d'élire les candidats à l'administration d'arrondissement et de province et à la députation aux Etats généraux, ne peuvent être nommés que par les administrateurs des communes eux-mêmes ; et que toute autre combinaison n'amènera point d'aussi bons résultats ; parce que, hors de celle-ci, l'intérêt des électeurs ne sera plus direct et personnel, mais équivoque, incertain et assujetti à toutes les influences d'intrigues et de cotteries propres à fausser le principe de l'élection.

C'est parce que, hors l'élection immédiate, le vœu genéral des contribuables est plutôt supposé que réel, que nous désirons voir l'élection des administrations supérieures se rapprocher le plus de l'élection immédiate ; ce vœu ne peut être mieux accompli, que par l'intermédiaire des administrateurs de communes issus immédiatement du choix de leurs administrés, et personnellement intéressés à la bonne composition du Collége électoral chargé de nommer les candidats aux administrations supérieures qui devront diriger l'administration communale.

Au reste, pour prévenir encore l'effet des intrigues qui s'introduisent dans les meilleures combinaisons, nous désirerions que toutes les élections fussent soumises à l'épuration du sort ; et voici nos motifs ?

Le premier mouvement de tout homme exerçant le droit d'élire, est de donner son suffrage au candidat qu'il affectionne le plus et qu'il croit plus instruit que lui.

Le second mouvement est de le donner à celui qu'il estime le plus, indépendamment de toute affection personnelle.

Maintenant, s'il est appelé à donner son suffrage à deux candidats, entre lesquels le sort devra prononcer, il est probable que, ne pouvant par un vote absolu favoriser le candidat qu'il affectionne le plus, il concentrera son choix, indépendamment de toute affection, sur les deux candidats qui lui paraîtront réunir le plus de qualités honorables; et que, quel que soit celui pour lequel le sort se déclarera, l'élu définitif sera le meilleur possible.

L'intervention du sort a été usitée avec beaucoup de succès dans les pays les plus jaloux d'épurer leur administration; l'idée n'est donc pas nouvelle, et l'expérience en a même démontré les avantages; cependant elle pourra être repoussée comme insolite; le caractère français s'accommode peu de toutes les lenteurs qui contrarient son impatience et qui semblent mettre en doute l'infaillibilité dont il se croit doué dans l'exercice de son jugement. Quoiqu'il en soit, comme le mode d'intervention du sort est facile, nous en expliquerons le jeu, sauf à l'adopter, ou le rejeter, selon que la réflexion en fera comprendre l'avantage ou l'inutilité.

Nous croyons que le droit d'élection au premier degré appartient plus particulièrement aux inscrits aux rôles des contributions, parce que ceux-là ont plus d'intérêt à la bonne administration de la commune qui en supportent les contributions immédiates; mais nous repoussons toute autre idée de cens pécuniaire, comme conditions d'électorat ou d'éligibilité.

Cette condition est une invention de l'oligarchie, contraire aux usages de notre ancienne constitution; partout où elle est établie, on trouve à côté, soit l'esclavage personnel, soit la servitude des masses au profit des oligarques, usurpant effrontément la qualité de Représentans du Peuple, et proclamant sa Souveraineté, au moment même où ils le dépouillent de l'exercice de tous ses droits. Il n'y a pas de vérité mieux constatée par l'histoire ancienne et moderne.

Les partisans de l'oligarchie ne manqueront pas d'objecter que, s'il n'y a pas de condition de fortune, il en sortira de mauvais choix : cette assertion est démentie par nos anciens usages qui n'admettaient aucun cens pécuniaire et donnaient les mêmes droits à tous les contribuables.

Quand les hommes se choisissent des chefs, un sentiment d'orgueil ne leur permet pas de les prendre ailleurs que dans des rangs honorables; supposer le contraire, c'est supposer une dépravation du cœur humain démentie par tous les faits et dans tous les siècles.

CHAPITRE XVIII.

Dispositions applicables au Mode Electif.

Pour faciliter l'intelligence du mode général d'élection et de l'organisation des administrations provinciales que nous désirons voir adopter, nous en formulons ci-après les dispositions.

« Les habitans domiciliés dans une commune âgés de 21 ans accomplis, inscrits au rôle des contributions, se réunissent sous la présidence du doyen d'âge pour procéder à la formation d'un bureau composé d'un président, un secrétaire, et des scrutateurs destinés à recueillir les suffrages.

« Ils nomment ensuite, à la majorité absolue des voix, et EN NOMBRE DOUBLE, les candidats nécessaires à l'administration de la commune, tant pour l'administration active, que pour le conseil.

« Immédiatement après le dépouillement du scrutin de candidature, et la vérification de sa régularité, on jette dans une urne convenablement préparée, autant de boules de même forme et calibre qu'il y a eu de candidats élus; le nombre des boules est partagé en blanches et noires.

« Chaque candidat est appelé par ordre de

nomination, et subsidiairement par ordre alphabétique, à tirer une boule de l'urne ; en cas d'absence il est supplée par le président.

« Les candidats auxquels échoient les boules blanches sont proclamés candidats définitifs, membres de l'administration, après que le recensement et la vérification publique des boules ont été constatés. Procès-verbal de l'opération générale est rédigé sous la dictée du président, et visé par le commissaire du roi délégué pour surveiller l'exacte observation des formes.

« Le Roi assigne ultérieurement, à chaque candidat définitif, ses fonctions comme maire, adjoint, ou membre du conseil.

« Tous les membres de l'administration de la commune deviennent, par le fait de leur avénement, ses électeurs, pour procéder au choix des candidats au collége électoral d'arrondissement.

» Une commune, quelque minime que soit sa population, a droit à un candidat électoral, et quand sa population excède deux cents âmes, elle a droit à autant de candidats qu'elle comprend de fois deux cents individus, sans égard pour les nombres au-dessous.

« Ces candidats peuvent être pris parmi les domiciliés hors de la commune, pourvu qu'ils soient propriétaires dans la commune élisante ou dans le canton dont elle fait partie.

« L'élection des candidats a lieu en Conseil général de la commune, à la majorité absolue des voix.

« Procès-verbal en est dressé immédiatement sous la dictée du président, et visé par le Commissaire royal délégué pour assister à l'opération. Les candidats au collége électoral d'arrondissement reçoivent une carte timbrée du sceau de la commune, et signée du président et du commissaire royal, énonciative de leur qualité de candidats au collége d'arrondissement.

« Ces candidats convoqués par le commissaire royal près l'arrondissement, en séance publique au chef-lieu d'arrondissement, y sont réduits par la voie du sort à la moitié.

« Cette réduction a lieu sous la présidence du plus ancien juge de paix et, à défaut du plus ancien, de celui qui le suit, assisté de son greffier, et en présence du commissaire royal; on suit, pour cette réduction, les formes indiquées pour les candidats à l'administration municipale.

« Procès-verbal de l'opération et de sa régularité en est dressé, et chaque électeur définitif au collége d'arrondissement reçoit une carte conforme à sa qualité signée du juge de paix président, et visée par le commissaire royal.

« Le collége électoral d'arrondissement procède, quand il est convoqué par le commissaire royal, et à la majorité absolue des votans.

1.° Au choix de deux candidats par canton à l'administration d'arrondissement, pris parmi les domiciliés de chaque canton;

2.° Au choix de quatre candidats par arrondissement à l'administration provinciale, pris parmi les domicliés dans l'arrondissement;

3.° Au choix d'un candidat à la députation aux Etats généraux, pour l'arrondissement, lorsque sa population n'excède pas 15 mille individus, et d'un candidat de plus pour chaque nombre de 15 mille individus en sus, sans égard pour les chiffres qui n'arrivent pas à ce nombre complet.

« Le nombre des candidats à l'administration d'arrondissement et de province est réduit par le sort à un seul administrateur par canton, pour l'administration de l'arrondissement et deux administrateurs par arrondissement, pour l'administration de province. On suit pour cette réduction les formes indiquées pour celle des candidats à l'administration communale.

« Le nombre des candidats à la députation aux Etats généraux est réduit de la même manière, à un seul député, quand la population n'excède pas 50 mille individus par arrondissement; avec augmentation d'un député de plus pour chaque nombre complet de 50 mille individus excèdant le premier nombre, et sans égard pour les chiffres au-dessous.

« La réduction a lieu immédiatement après le dépouillement du scrutin de chaque candidature, en proportionnant le nombre des boules blanches au nombre des titulaires qui doivent rester définitivement.

« Procès-verbal des élections et réductions est rédigé sous la dictée du président du collége, en présence du commissaire du roi. Des cartes d'administrateurs d'arrondissement ou de provinces, ou de députés aux Etats généraux signées du président du collége et visées par le commissaire royal sont remises à chaque titulaire dans sa ligne respective.

« Tous les candidats au collége électoral d'arrondissement, soit *provisoires* soit *définitifs* sont membres du juri et sont en conséquence établis sur un rôle, pour être appelés à leur tour d'inscription à prononcer leur verdict devant les Cours d'assises, sauf les cas d'empêchemens légitimes et les récusations légales.

Toutes les élections sont faites pour cinq ans.

« Le roi désigne, parmi les candidats définitifs à l'administration d'arrondissement et de province, les présidens et adjoints; le surplus forme le conseil général de l'administration.

« Il convoque annuellement, si besoin est, un cinquième des députés aux Etats généraux, dans un ordre qui assure à chaque province un nombre le plus rapproché possible de l'égalité, et ne fasse jamais revenir les députés qu'à tour de rôle.

« Quand le Roi le juge à propos, il convoque la totalité des députés.

« Tous les remplacemens nécessaires pour remplir les vacances dans les administrations de commune, d'arrondissement, ou de province sont faits par le Roi qui choisit les remplaçans parmi les candidats éliminés par le sort, chacuns dans leurs lignes respectives.

« Le Roi peut changer annuellement les fonctions des membres des administrations, en appelant à celles de maires, présidens, et adjoints, les membres des conseils, et en faisant rentrer, dans les conseils, les maires, présidens et adjoints.

« Il peut à volonté, convoquer les Colléges électoraux à l'effet de procéder à la nomination de nouveaux administrateurs et de nouveaux députés.

Dans ce cas la moitié des anciens est exclue, par le sort, du droit de réélection pendant cinq ans; à moins que le Roi ne rende, par une ordonnance spéciale, ce droit à ceux qu'il veut excepter.

« En cas de vacance parmi les députés d'arrondissement, par mort ou démission, les candidats éliminés par le sort sont appelés, par ordre de primogéniture, à remplir les places vacantes. »

On comprendra, sans qu'il soit besoin de l'expliquer en détail, les motifs qui font déférer au Roi le pouvoir de changer le personnel des administrateurs et des députés. C'est ici l'ancre de la monarchie et du salut public, dans la tempête des factions dont il faut toujours prévoir l'esprit entreprenant.

En introduisant la suspension du droit d'éligibilité, *par la voie du sort*, de la moitié des anciens administrateurs ou députés, on ne blesse aucun amour-propre individuel; et en réservant au Roi le droit de lever cette suspension, on se ménage les moyens de déjouer ces réélections systématiques qui mettent en conflit les passions électorales avec l'autorité du gouvernement, chose essentiellement dangereuse! Tout homme exercé aux méditations politiques, et jaloux d'assurer la tranquillité publique, ne pourra blamer cette précaution.

CHAPITRE XIX.

Réunion des Députés.

Section 1.re

Nous avons démontré, dans les Chap. IV et V, les dangers attachés à l'usurpation des attributions de la monarchie ; et que la domination d'une majorité mobile-parlementaire était le *pire des Gouvernemens*.

Nous avons également démontré, par l'histoire des budgets, que c'était le plus dispendieux de tous.

Nous n'en n'avons pas conclu qu'il fallût renoncer à toute intervention parlementaire, mais seulement, qu'il fallait la réduire à ses attributions normales, savoir :

L'acceptation, ou le refus des nouvelles lois, et des nouveaux impôts.

Et, sous ce nom de lois, nous ne rangeons aucun des actes relatifs à des intérêts de localités; ce sera aux administrations locales réunies en conseils généraux, à délibérer sur ces matières, et au gouvernement à y faire droit, s'il y a lieu, par des ordonnances spéciales.

La législation générale ainsi réduite à son objet positif, on voit, de reste, l'inutilité d'une réunion annuelle des députés, et surtout de leur mise en contact habituel avec l'autorité ministérielle.

Moins les ministres auront l'occasion de pratiquer les députés, pour se rendre leurs votes favorables, plus ils seront dans la nécessité de ne présenter, à leur acceptation, que des lois véritablement utiles à la prospérité générale, et dont l'adoption soit démontrée avantageuse.

Les propositions de lois qui ont besoin d'être accompagnées de caresses, de prévenances à l'égard des orateurs influens d'une assemblée délibérante, sont rarement nécessaires ; et leur utilité ne sera jamais bien réelle, quand elles auront besoin de tant de préliminaires !

Pourquoi les projets de nouvelles lois, ou de modification dans l'établissement des impôts, après avoir été préparés dans le Conseil, ne seraient-ils pas immédiatement rendus publics par la voie de la presse, sauf à être débattus, plus tard, par les députés ?

Alors, il serait possible à chacun d'étudier profondément les questions, et le lieu du débat pourrait être mieux placé, loin des ministres, qu'auprès.

Nous avons déjà signalé l'inconvenance de remettre annuellement en question le budget des recettes et dépenses ordinaires ; cette méthode n'est bonne qu'à perpétuer la conservation des sinécures nécessaires à la captation des membres influens parmi les députés.

Est-il raisonnable de mettre sérieusement en question les services de la dette publique, de la justice, de l'administration civile, des armées de terre et de mer, ramenés à leur minimum ?

Les dépenses extraordinaires sont les seules qui puissent motiver une réunion de députés.

Cette réunion devrait être ajournée à une période triénale ou quinquénale, parce que, dans l'intervalle, on conçoit la possibilité d'introduire des améliorations de quelque importance; parce que l'autorisation des recettes, comme des dépenses même ordinaires, a besoin d'être de temps en temps, renouvellée.

Pour ce renouvellement ordinaire, il suffirait d'une convocation partielle des députés des provinces; mais quand il s'agirait de nouveaux impôts, alors seulement la convocation générale des députés aurait lieu.

On aurait tort de supposer que la convocation générale fût nécessaire pour recevoir les comptes ministériels.

Cette mission sera toujours mal remplie par les députés, dont la majorité sera rarement initiée aux connaissances spéciales nécessaires pour porter, sur ces comptes, un jugement éclairé.

Ce doit être l'affaire d'une magistrature inamovible composée d'hommes spéciaux ayant fait un long stage dans les services publics, ou dans les administrations provinciales.

La Cour des comptes composée de créatures ministérielles, d'hommes la plus part étrangers, par leurs antécédens, aux formes comptabiliaires, est une anomalie; et le recrutement de cette cour, dans cet ordre d'idées, choque toute convenance et toute justice.

La prétention d'une chambre de députés de vérifier sérieusement le budget des recettes et des dépenses n'est pas moins fausse; il est trop évident que les dix-neuf vingtièmes de ses membres n'ont pas la conscience du vote qu'ils émettent à ce sujet.

Nous indiquerons, plus loin, l'autorité que nous croyons propre à remplir ce devoir.

Section 2.me

Nous avons fait, dans le système parlementaire, abstraction complète d'une chambre des pairs, innovation moderne dans le gouvernement français, dont l'impuissance, soit à défendre le trône, soit à protéger les libertés publiques, est devenue patente à tous les yeux.

Malgré les éloges donnés par Montesquieu et autres hommes justement célèbres, à la constitution anglaise devenue le modèle du gouvernement français en 1814; malgré les avantages qu'ils croyaient attachés à ce mélange de *monarchie*, *d'aristocratie* et *de démocratie*, les faits survenus soit en Angleterre, soit en France, ont démontré que cet amalgame n'était pas susceptible de prendre une véritable consistance, et de donner à l'ordre social la stabilité qui lui est nécessaire. Or, l'autorité des faits est autrement imposante que les opinions spéculatives des publicistes, de quelque génie qu'on les suppose doués !

En y réfléchissant mieux, on doit comprendre, en effet, que l'aristocratie considérée comme pouvoir politique ne représente que quelques intérêts isolés, et là même, où la pairie serait héréditaire, que quelques familles privilégiées.

La démocratie, au contraire, représente l'intérêt général et la population toute entière.

Or, quand ces intérêts sont mis en présence, il est évident que la lutte de l'un, contre l'autre, ressemble à celle du pot de terre contre le pot de fer; et l'expérience a confirmé et confirme tous les jours cette opinion.

L'aristocratie a bien souvent dominé la démocratie; nous ne l'ignorons pas: mais, alors la féodalité embrassait, dans ces ramifications, toutes les existences: les propriétés n'étaient pas divisées; l'aristocratie possédait seule le sol, et les colons ne soupçonnaient pas même qu'ils pussent un jour prétendre à la moindre indépendance. Les choses sont bien changées! Loin de vouloir rétrograder, les idées vont toujours en avant: il y a maintenant un combat très animé entre l'intelligence et la force matérielle; la tranquillité générale en est ébranlée jusque dans ses fondemens.

N'est-il pas puéril de chercher un médiateur, entre ces deux puissances, dans une chambre des pairs composée d'élémens hétérogènes, et qui, par l'abus qu'on a fait du titre de pair, ne peut plus avoir d'action sur l'opinion publique. Quand un pouvoir politique est, par sa nature, impuissant, sa conservation est un embarras, bien loin d'être un moyen de gouvernement; car il devient un sujet d'irritation, au lieu de neutralisation (1).

L'existence d'une chambre aristocratique peut bien satisfaire l'amour-propre de ses membres; mais quel secours peut-elle porter au Trône et à la Nation? elle ne peut plus être

(1) Au moment où ceci s'imprime, un procès scandaleux vient appuyer notre opinion, mais n'ajoute rien à notre conviction.

qu'un aliment aux passions populaires et un sujet de perturbation selon les circonstances.

La naissance, l'éducation, la fortune honorablement employée ne resteront jamais sans influence dans la société.

Dans tous les temps, dans tous les lieux, elles ont obtenu des préférences et des hommages ; mais, il faut laisser à l'opinion publique le soin de distribuer ces hommages ! Qu'on se repose, sur elle, du soin d'honorer, dans les enfans, les services de leurs pères ! elle comprend merveilleusement, *malgré les déclamations de l'envie*, les héritages d'honneurs, et classe, avec une rare intelligence, toutes les conditions.

Sans doute, un pair de France actuel est l'égal de tout autre pair devant la loi : qu'on consulte, cependant, l'opinion publique sur cette égalité, en accolant le nom de tel pair, à tel autre, et l'on fera pouffer de rire !

Il en est de même de toutes les conditions ; elles sont classées par l'opinion, beaucoup mieux qu'elles ne pourraient l'être par la loi ; celle-ci ne peut reconnaître que des égaux.

Malgré cette égalité légale, il n'y a nulle part, il n'y a jamais eu, même dans les Gouvernemens les plus démocratiques, *confusion de rangs*.

Il faut que l'amour-propre en prenne son parti et cherche, par les talens, les services et les vertus, à franchir les échelons intermédiaires.

La division des Etats généraux en plusieurs chambres, était justifiée par la différence d'intérêts existans entre les trois ordres alors reconnus.

Aujourd'hui cette différence d'intérêts a cessé; donc la division des chambres doit cesser avec la cause.

Sans doute, elle serait encore nécessaire pour un corps parlementaire ayant la prétention de conserver *l'initiative des Lois* et *le droit de représenter le Peuple;* car, dans ce cas, la division en deux chambres pourrait seule tempérer l'ardeur des innovations législatives.

Mais nous croyons avoir démontré la fausseté de cette prétention; et le Roi a le moyen de la briser et de faire rentrer les députés des contribuables directs dans les limites de leurs attributions.

S'ils tentaient d'en sortir par la violence, le Roi seul et unique Représentant de la Nation, seul et unique dépositaire de la souveraineté convoquerait, comme il en a le droit incontestable, les députés de tous les non-contribuables directs, pour former une chambre spéciale; afin que leurs intérêts eussent, aussi, leurs défenseurs dans un parlement général.

C'est, parce que ces intérêts ont toujours trouvé, dans le Monarque représentant la Nation toute entière, un protecteur efficace, que les mandataires de cette classe n'ont jamais été appelés dans les Etats généraux; mais si ceux des contribuables directs manifestaient la prétention de s'arroger plus long-temps le titre de *Représentans du Peuple*, le droit comme le devoir du Roi serait d'opposer à cette prétention, la volonté générale source de toute souveraineté; comme ses ayeux opposèrent jadis le vœu des communes aux prétentions des grands vassaux.

Que les contribuables directs et leurs députés comprennent donc les bornes de leurs droits dans l'ordre social, et ne tentent plus d'en sortir! car le monarque ne pourrait le tolérer, et l'on peut voir qu'il sait où prendre la force matérielle pour faire respecter la souveraineté dont il est seul et unique dépositaire ! tant il est vrai qu'en scrutant les ressources des institutions nécessaires à la conservation de l'ordre social, on y trouve la solution de toutes les fausses prétentions de l'égoïsme et de l'intérêt particulier qui s'obstineraient à le troubler !

CHAPITRE XX.

Variété dans la manière de recueillir le Vote des Contribuables directs.

Nous avons admis la réunion des mandataires des contribuables directs en une chambre qui représenterait les Etats généraux, bien plus, pour nous conformer à l'usage actuel, que par conviction de la préférence due à ce mode de recueillir le vote des contribuables; car nous ne nous dissimulons pas l'inconvénient d'une telle réunion.

Un Corps politique délibérant sous l'empire d'anciennes usurpations, n'est que trop disposé à les imiter; à se considérer, non comme une réunion de commissaires des contribuables, mais comme un Corps de Représantans du Peuple.

Nous avons vu le parlement de Paris institué par les Rois pour rendre la justice, affecter la prétention de représenter le peuple, et se dire le Tuteur des Rois pendant leur minorité.

Nous croyons que, dans l'intérêt de la stabilité sociale, on ne saurait trop se méfier de cette disposition naturelle aux corps politiques.

A Dieu ne plaise, cependant, que nous voulions priver la Nation du droit d'accepter ou de refuser les lois et les subsides proposés par la Couronne! Mais si ce concours peut s'effectuer d'une manière également efficace, et avec moins de chances de perturbations, pourquoi n'en profiterait-on pas?

Où serait la difficulté que les Conseils généraux de provinces issus du choix des contribuables reçussent les propositions de lois et exprimassent leur acceptation, ou leur refus, par une délibération publique?

Le vœu de la majorité de ces conseils deviendrait Loi par la sanction du Roi; comme, aujourd'hui, celui de la majorité des chambres devient loi par la même sanction.

Ce mode aurait l'avantage d'appeler, à la discussion des projets de lois, ceux-là mêmes qui seraient plus tard chargés de l'exécution; et ce serait une garantie pour la sagesse des innovations.

Avant de présenter, aux Conseils généraux de provinces, les projets de lois, le conseil des ministres aurait senti la nécessité de les bien mûrir.

Ce système pourrait recevoir son complément, par la création d'un *Conseil général de France*, dont les membres seraient inamovibles et nommés par le Roi; savoir: moitié, sur une liste de candidats proposés par les Conseils généraux de provinces; moitié directement par le Roi; avec des attributions mixtes, les unes consultatives, les autres judiciaires.

Consultativement; il examinerait les projets de lois générales à présenter aux conseils généraux des provinces.

Judiciairement; il viderait tout litige entre les administrés et les administrateurs qui n'auraient pu l'être, à la satisfaction des parties, par les conseils généraux de provinces, et par le conseil des ministres.

Il serait chargé de l'interprétation des lois administratives, en cas d'obscurité survenue dans leur application.

A ce conseil, appartiendrait encore le droit de sanctionner les actes de la Cour des comptes; et l'on conçoit que, formé mi-partie d'hommes issus des Conseils généraux de provinces, mi-partie de membres choisis directement par le Roi et sortis des hauts emplois dans les services publics ; ce Conseil contiendrait toutes les notabilités spéciales propres à accomplir cette importante mission.

Bien qu'inamovible dans son personnel, le Conseil général de France ne serait cependant qu'une autorité subordonnée à la Couronne ; mais recommandable par les lumières qu'elle apporterait dans l'examen des lois projetées, et respectable par la garantie que ses arrêts offriraient aux citoyens, pour la plus parfaite application des lois administratives.

Au reste, le Roi devrait rester libre de choisir, à son gré, le mode qui lui conviendrait le mieux; soit de consulter les Conseils généraux des provinces pour la discussion des lois, soit de réunir les députés pour les leur proposer.

Les esprits les plus ombrageux relativement à la conservation des libertés publiques, comprendront probablement, que toute inquiétude relativement à la faculté laissée au Roi de faire ses propositions de lois, plus tôt au Conseils généraux de provinces, qu'à une réunion de députés, serait tout-à-fait chimérique; puisque les membres des conseils généraux de provinces, et les députés auraient une origine commune ; l'élection des contribuables.

C'est, dans cette élection que repose éminemment la garantie la plus efficace de la consertion de toutes les libertés.

C'est, dans les attributions données au juri issu de la même élection, que reposerait également la garantie contre tout arbitraire ministériel.

Avec des précautions aussi satisfaisantes, une réunion de députés n'est nullement nécessaire; et le Roi doit, *ad libitum*, pouvoir les convoquer, ou s'en passer, selon les circonstances.

Les députés ne seraient pas moins nommés par les colléges électoraux, et quand le Roi proposerait directement des projets de lois aux conseils généraux de provinces, ceux des députés qui ne seraient pas membres de ces conseils auraient droit d'y prendre séance, pour la discussion desdits projets de lois.

L'honneur de faire partie du conseil général de France deviendrait, dans les provinces, un grand sujet d'émulation.

La candidature à ce conseil serait la récompense des administrateurs qui s'efforceraient, par leurs travaux, d'attirer sur leurs personnes le vote de leurs collègues.

Les hommes les plus riches et les plus instruits se dévoueraient, avec ardeur, à la carrière administrative, et leur désintéressement, sous le rapport pécuniaire, permettrait d'introduire enfin l'économie dans la gestion des affaires publiques.

Le titre de CONSEILLER DE FRANCE serait, après celui de ministre la première dignité civile, et l'inamovibilité de ce titre placerait les membres du conseil dans une indépendance absolue des ministres.

Le nombre des conseillers de France resterait illimité ; seulement l'égalité numérique devrait être religieusement maintenue entre ceux choisis directement par le Roi, et ceux choisis parmi les candidats qui lui seraient présentés par les conseils généraux de provinces.

Nous ne fesons que jeter les bases de cette institution, dont on peut pressentir toute l'utilité, dans une monarchie organisée de manière que LE ROI SOIT PUISSANT, et la NATION LIBRE.

CHAPITRE XXI.

Décadance et chute de la Monarchie Constitutionnelle en France.

Ce Gouvernement, nous l'avons démontré, n'est qu'une *oligarchie* sans avenir, comme sans dignité : il ne se soutient que par la crainte de l'anarchie ; aucun sentiment moral ne milite pour sa conservation ; s'il tombait, ce serait aux acclamations universelles, moins les voix de ceux qui en exploitent les bénéfices !

Le peuple obéit, par instinct pour le maintien de l'ordre matériel, sans respect pour l'autorité ; sans considération pour ceux qui l'exercent ; il sait que ceux qui lui ont imposé ce gouvernement, ont eux-mêmes violé tous les droits qu'ils ont proclamés.

Le titulaire de la royauté élue a beau sentir l'empreinte des liens qui gênent tous ses mouvemens, il ne peut rien entreprendre pour les rompre ; toute tentative est en effet dangereuse.

Créature de l'oligarchie, il se trouve enlacé, comme la France, dans les bras de ce nouveau Briarée qui peut l'étouffer, aussi facilement qu'il l'a soulevé un instant au-dessus de la multitude en émeute, pour la distraire et la calmer.

Que faire contre une Chambre, dont il ne peut contester l'omnipotence, sans reconnaître la nullité des pouvoirs qu'elle lui a conférés ?

Essayera-t-il de la dissoudre ? cela même a été funeste à la branche aînée !

De s'emparer de la Dictature ? comment la conserver, avec la nécessité des impôts immenses dont la France est grevée, et l'impossibilité de les lever, sans l'assentiment des contribuables probablement peu disposés à le donner, à défaut de loi votée par des députés qui les y contraigne ?

Que faire donc ? attendre les futurs contingens ! mais ils se dessinent en sens contraire des espérances conçues par les partisans de la royauté de 1830. L'opposition se fortifie, sinon dans l'intérieur de la chambre élective, où l'affluence des fonctionnaires salariés assure au ministère quel qu'il soit la majorité, au moins dans l'opinion publique ; elle gagne tous les jours du terrain ; les partis, sans se réconcilier, s'entendent pour marcher à la restauration des anciennes libertés nationales.

Dans l'intérieur même de la chambre élective, la défiance pénètre, plus ou moins, dans l'esprit des députés ; elle se manifeste par des délibérations qui enlèvent, de temps en temps, quelque fleuron à la couronne, et qui finiront infailliblement par la réduire à la forme d'un *Bonnet de Doge*.

C'est-là le résultat inévitable de toute *oligarchie* ; et encore une fois, la monarchie dite constitutionnelle n'est pas autre chose !

Sa destinée serait déjà accomplie, si les électeurs du monopole ne s'étaient pas laissés piper par les séductions les plus grossières, et n'avaient été détournés, dans une grande partie des colléges, d'envoyer à la chambre élective des députés indépendans.

Il faut expliquer cette aberration électorale?

Comme, grâces à la confusion du gouvernement et de l'administration dont nous avons fait l'historique dans les Chapitres VIII et IX, les affaires locales, au lieu de se régler par la décision d'administrateurs issus du choix des administrés, et de se décider, dans la commune, l'arrondissement ou la province, se décident exclusivement dans les bureaux ministériels; les électeurs se sont persuadés, que pour en avancer la solution constamment ajournée, et pour l'obtenir favorable, le meilleur moyen était d'envoyer, à la chambre, des députés agréables au pouvoir ministériel, et surtout ayant déjà personnellement l'habitude de communications fréquentes avec les chefs de la bureaucratie.

En conséquence, ils n'ont rien trouvé de mieux que de choisir, pour députés, *des fonctionnaires publics*.

Ceux-ci ont eu soin, pour capter les suffrages des électeurs, de faire valoir, à ceux aspirans à la faveur ministérielle, la puissance de leur patronage; aux autres, leur crédit absolu dans les bureaux, et la promesse de procurer, aux localités, les avantages convoités.

C'est par suite de cette manœuvre que le centre de la chambre des députés se trouve, à chaque renouvellement, abondamment garni de fonctionnaires publics serviteurs obséquieux de la puissance ministérielle et circonspects à l'égard de la royauté de 1830.

Les affaires locales ne traînent, pas moins

dans les bureaux, ou ne s'y décident pas moins tout de travers. Mais quelques places obtenues par-ci, par-là, soit au profit des électeurs les plus influens, soit à leur sollicitation ; de nouvelles et pompeuses promesses pour l'avenir, ont entretenu jusqu'ici l'illusion, et procuré, dans les colléges, la meilleure part des suffrages aux fonctionnaires publics censés devoir être plus agréables aux ministres et plus propres à obtenir d'eux la satisfaction des intérêts locaux.

Les électeurs n'ont point encore généralement compris tout ce qu'il y a de faux et de ridicule dans cette vaine supposition.

C'est à cette incroyable bonhomie qu'il faut attribuer l'effet inattendu de la loi qui annulle les mandats des députés qui acceptent des fonctions salariées par le Gouvernement.

Les promoteurs de cette loi avaient, bien évidemment, pour but, de faire substituer, par les colléges, des députés indépendans, à ceux qui accepteraient des emplois salariés ; c'est le contraire qui est arrivé !

Les colléges ont renvoyé les mêmes députés, *précisément parce qu'ils étaient devenus les obligés des ministres.*

Tel fonctionnaire public, au contraire, tombé dans la disgrâce du gouvernement, pour avoir manifesté quelque esprit d'indépendance, a été rejeté, à l'époque des réélections générales; pour le punir, sans doute, de son indépendance et de son opposition.

Des calculs aussi extravagans ne peuvent se perpétuer long-temps ; les électeurs finiront par comprendre, que la centralisation bureaucratique, contre laquelle la France se débat depuis si long-temps et qui s'oppose non-seulement à toute amélioration possible, mais à la solution des questions les plus urgentes d'intérêt local; que cette centralisation, disons-nous, ne peut être brisée par des députés qui en partagent les bénéfices avec les ministres intéressés à sa conservation; que le moyen de la perpétuer et de rendre impossible la satisfaction des localités, c'est d'envoyer à Paris des serviteurs ministériels inféodés à ce détestable système.

Le jour n'est pas éloigné, probablement, où les écailles tomberont des yeux aux électeurs mieux avisés.

Alors, la qualité de fonctionnaire public qui, jusqu'à ces derniers temps, a été un titre aux suffrages des colléges, deviendra, *ce qu'elle doit être pour tout homme de bon sens*, un titre de réprobation.

Lassés d'attendre une amélioration de leurs intérêts locaux, par la médiation de serviteurs ministériels, les électeurs comprendront la nécessité d'avoir enfin des députés indépendans, et ils en nommeront; tout fait espérer que ce résultat ne sera pas retardé au-delà de la première convocation générale.

Alors, le principe de l'oligarchie se développant dans son intensité naturelle, sa destinée s'accomplira plus complétement; la majorité de la chambre des députés imposera ses meneurs pour ministres au Titulaire de la royauté; ce dernier *régnera sans gouverner*; c'est-à-dire qu'il sera réduit à la *nullité d'un Doge de Venise*.

Cet horoscope nous semble inévitable; il est fondé sur les mouvemens naturels au cœur humain, sur les traditions historiques, et sur l'ordre invariable des causes et des effets.

Nous l'avons déjà dit, et nous ne pouvons trop le répéter sous des formes différentes.

De deux forces inégales mises en contre-poids, la plus faible est invinciblement emportée par l'autre. Or, quelle est la force relative de la Royauté constitutionnelle de 1830, comparée à celle de la chambre des députés qui l'a créée? celle de l'argile entre les mains du potier.

Quelle contre-force pourrait opposer la royauté élue à une chambre *reconnue, par le titulaire*, représenter le peuple et investie, à ce titre, de l'initiative des lois? la volonté nationale; le titulaire n'oserait faire un appel à cette volonté.

Serait-ce la force armée? la chambre tient les cordons de la bourse destinée à sa solde.

Serait-ce la dissolution de la chambre? ce serait précipiter le triomphe de l'oligarchie.

Serait-ce l'usurpation de la dictature? impossible, sans l'affection et le concours des masses indispensables pour la perception des impôts; le titulaire de la royauté peut-il y compter?

S'il ne le peut pas, il n'a ni force morale, ni force matérielle à opposer à la chambre des députés, *telle qu'elle sortira bientôt du principe de* L'OLIGARCHIE.

La destinée du Roi des Français est donc de se débattre entre des impossibilités.

C'est le sort de tout Roi constitutionnel! et les événemens se précipitent pour le prouver et dessiller enfin les yeux des partisans du gouvernement représentatif.

La conviction générale doit sortir bientôt des

faits qui démontrent l'absurdité de ce gouvernement; ces faits éclatent de toutes parts.

En Angleterre, la Chambre des communes poursuivant l'exercice de son omnipotence, force le ministère *Péel* à faire retraite; annulle le choix des ambassadeurs et autres grands fonctionnaires nommés par le Roi, et suit enfin l'impulsion que devait lui imprimer le bill de réforme.

En France; la presse nous révèle, par l'organe d'un ex-sénateur de l'empire, la fausse position dans laquelle le titulaire de la royauté élue en 1830 se trouve placé, à l'égard des ministres qu'il a choisis.

L'ex-sénateur se montre indigné de l'annulation du pouvoir royal; nous devons le croire bien informé.

Si le Roi des Français est impuissant devant son ministère agissant sous la protection de la chambre des députés, que peut-il être en présence de cette même chambre dont les membres réunissent le droit d'initiative des lois au titre *de Représentans du peuple*?

Nous partageons, sans doute, l'opinion de l'ex-sénateur relativement à la dégradation de la royauté, et nous ne concevons pas qu'elle ait été acceptée à des conditions qui l'annullaient, en feignant de la relever; mais nous ne voyons moyen d'améliorer ces conditions que par l'intervention de la volonté générale loyalement consultée, ou par le retour à l'ancienne constitution.

L'ex-sénateur se fait bien illusion, s'il se flatte que l'absolutisme de l'empire puisse revivre en France; il a fallu tout le prestige des conquêtes, pour le faire supporter; et sa carrière était bornée à l'échéance des revers militaires.

Pour nous, nous voulons la royauté libre et puissante; mais nous repoussons la servitude de la France et son assujettissement *à l'absolutisme d'un dictateur*, comme *à la domination de* L'OLIGARCHIE.

Nous voulons l'alliance naturelle de la monarchie et de toutes les libertés compatibles avec l'ordre social.

Jamais cette alliance ne fût proposée d'une manière plus loyale que par la déclaration de LOUIS XVI.

C'était l'ancienne constitution Française.

Elle fut audacieusement renversée en 1789 par les *usurpateurs de la souveraineté nationale*, et la France en subit les conséquences.

Qu'on lui rende l'exercice de sa souveraineté! elle se relèvera libre, sous un Roi *régnant et gouvernant*; car ces deux mots sont inséparables dans leur acception; ils doivent être synonymes, ou rayés du vocabulaire Français, comme des mots sans valeur et vides d'idées.

CHAPITRE XXI.

Déclaration de Louis XVI. (1)

Une funeste scission avait eu lieu dans les trois Ordres ; la fameuse séance du Jeu-de-Paume s'était déjà tenue. Le Roi se rendit au sein de l'assemblée le 23 juin 1789, et prononça ce discours :

MESSIEURS,

« Je croyais avoir fait tout ce qui était en » mon pouvoir pour le bien de mes peuples, » lorsque j'avais pris la résolution de vous ras- » sembler ; lorsque j'avais surmonté toutes les » difficultés dont votre convocation était entou- » rée ; lorsque j'allais aller, pour ainsi dire, » au-devant des vœux de la Nation, en mani- » festant à l'avance ce que je voulais faire pour » son bonheur.

» Les Etats généraux sont ouverts depuis près » de deux mois, et ils n'ont point pu encore » s'entendre sur les préliminaires de leurs opé- » rations ; une parfaite intelligence aurait dû » naître du seul amour de la Patrie, et une

(1) On a supprimé des dispositions transitoires et inutiles aujourd'hui.

» funeste division jette l'alarme dans tous les » esprits ; je dois au bien commun de mon » royaume, je me dois à moi-même, de faire » cesser ces funestes divisions ; c'est dans cette » résolution que je vous rassemble de nouveau » auprès de moi ; c'est comme le père commun » de mes sujets, c'est comme le défenseur des » lois de mon royaume, que je viens en retracer » l'esprit et réprimer les atteintes qui ont pu y » être portées.

» Aucun nouvel impôt ne sera établi, au» cun ancien ne sera prorogé au-delà du terme » fixé par les lois, sans le consentement *des* » *Représentans de la Nation* (1).

» Les impositions nouvelles qui seront éta» blies, ou les anciennes qui seront prorogées, » ne le seront que pour l'intervalle qui devra » s'écouler jusqu'à l'époque de la tenue suivante » des Etats généraux.

» Les emprunts pouvant devenir l'occasion » nécessaire d'un accroissement d'impôt, aucun » n'aura lieu sans le consentement des Etats » généraux, sous la condition toutefois qu'en » cas de guerre ou d'autre danger national, le » souverain aura la faculté d'emprunter sans » délai jusqu'à la concurrence d'une somme de » 100 millions; car l'intention formelle du Roi » est de ne jamais mettre le salut de son empire » dans la dépendance de personne.

» Les Etats généraux examineront avec soin

(1) Les Députés des contribuables ne sont pas *les Représentans de la Nation*. Voir liv. 3, chap. XV du Contrat-Social de J.-J. Rousseau; il ne sont que des Commissaires.

Le Roi n'avait pas calculé les conséquences de cette qualification,

» la situation des finances, et ils demanderont » tous les renseignemens propres à les éclairer » parfaitement.

» Le tableau des revenus de l'Etat, et des » dépenses sera rendu public chaque année, » dans une forme proposée par les Etats géné- » raux, et approuvée par Sa Majesté.

» Les sommes attribuées à chaque départe- » ment seront déterminées d'une manière fixe » et invariable, et le Roi soumet à cette règle » générale les fonds même qui sont destinés à » l'entretien de sa maison.

» Le Roi veut que, pour assurer cette fixité » aux diverses dépenses de l'Etat, il lui soit » indiqué, par les Etats généraux, les dispo- » sitions propres à remplir ce but, et Sa Ma- » jesté les adoptera, si elles s'accordent avec » sa dignité royale, et la célérité indispensable » du service public.

» Les Représentans d'une Nation fidèle aux » lois de l'honneur et de la probité, ne donne- » ront aucune atteinte à la foi publique, et le » Roi attend d'eux que la confiance des créan- » ciers de l'Etat soit assurée, consolidée de la » manière la plus authentique (1).

» L'intention de Sa Majesté est de détermi- » ner, d'après l'avis des Etats généraux, quels » seront les emplois et charges qui conserve- » ront, à l'avenir, le privilége de donner ou » de transmettre la noblesse. Sa Majesté néan- » moins, selon le droit inhérent de la couronne, » accordera des Lettres de noblesse à ceux de » ces sujets qui, par des services rendus au

(1) Cette espérance a été trompée.

» Roi et à l'Etat, se seraient montrés dignes de
» cette récompense.

» Le Roi désirant assurer la liberté indivi-
» duelle de tous les citoyens d'une manière
» solide et durable, invite les Etats généraux
» à chercher et à lui proposer les moyens les
» plus convenables de concilier l'abolition des
» ordres connus sous le nom de *Lettres de*
» *cachet*, avec le maintien de la sûreté publi-
» que, soit pour ménager, dans certain cas,
» l'honneur des familles, soit pour réprimer
» avec célérité les commencemens de séditions,
» soit pour garantir l'Etat des effets d'une in-
» telligence criminelle avec les puissances étran-
» gères.

» Les Etats généraux examineront et feront
» connaître à Sa Majesté le moyen le plus con-
» venable de concilier la liberté de la presse
» avec le respect dû à la religion, aux mœurs
» et à l'honneur des citoyens.

» Il sera établi, dans les diverses provinces
» ou généralités du royaume, des Etats provin-
» ciaux composés de deux dixièmes de membres
» du clergé, dont une partie sera nécessaire-
» ment choisie dans l'ordre épiscopal; de trois
» dixièmes de membres de la noblesse, de cinq
» dixièmes du Tiers-Etats.

» Les membres de ces Etats provinciaux se-
» ront librement élus par les ordres respectifs,
» et une mesure quelconque de propriété sera
» nécessaire pour être électeur ou éligible.

» Les députés de ces Etats provinciaux déli-
» bèreront de commun sur toutes les affaires,
» suivant l'usage observé dans les Assemblées
» provinciales, que ces Etats remplaceront.

» *Une Commission intermédiaire choisie*
» *par ces Etats, administrera les affaires de*
» *la province pendant l'intervalle d'une tenue*
» *à l'autre; et ces Commissions intermédi-*
» *aires devenant seules responsables de leur*
» *gestion, auront pour déléguées des person-*
» *nes choisies uniquement par elles ou par*
» *les Etats provinciaux.*

» Les Etats généraux proposeront au Roi leurs
» vues pour les autres parties de l'organisation
» intérieure des Etats provinciaux, et pour le
» choix des formes applicables à l'élection des
» membres de cette Assemblée.

» Les Etats généraux s'occuperont du projet
» conçu depuis si long-temps par Sa Majesté, de
» porter les douanes aux frontières du royaume,
» afin que la plus parfaite liberté règne dans la
» circulation intérieure des marchandises na-
» tionales ou étrangères.

» Sa Majesté désire que les fâcheux effets de
» l'impôt du sel, et l'importance de ce revenu
» soient discutés soigneusement, et que, dans
» toutes les suppositions, on propose au moins
» des moyens d'en adoucir la perception.

» Sa Majesté veut que l'usage de la corvée,
» pour la confection et l'entretien des chemins,
» soit entièrement, et pour toujours, aboli dans
» son royaume.

» Le Roi désire que l'abolition du droit de
» mainmorte, dont Sa Majesté a donné l'ex-
» emple dans ses domaines, soit étendue à
» toute la France, et qu'il lui soit proposé les
» moyens de pourvoir à l'indemnité qui pour-
» rait être due aux seigneurs en possession de
» ce droit.

» Le Roi invite les Etats généraux à considé-
» rer le tirage de la milice sous tous les rap-
» ports, et à s'occuper des moyens de concilier
» ce qui est dû à la défense de l'Etat avec les
» adoucissemens que Sa Majesté désire pouvoir
» procurer à ses sujets.

» Le Roi veut que toutes les dispositions d'or-
» dre public et de bienfaisance envers ses peu-
» ples que Sa Majesté aura sanctionnées par son
» autorité, pendant la présente tenue des Etats
» généraux, celle entre autre relative à la liberté
» personnelle, à l'égalité des contributions, à
» l'établissement des Etats provinciaux, ne puis-
» sent jamais être changées sans le consente-
» ment des trois premiers Ordres, pris séparé-
» ment. Sa Majesté les place à l'avance au rang
» des propriétés nationales, qu'elle veut mettre,
» comme les autres propriétés, sous la garde la
» plus assurée.

» Sa Majesté, après avoir appelé les Etats
» généraux à s'occuper, de concert avec elle,
» des grands objets d'utilité publique, et de
» tout ce qui peut contribuer au bonheur de
» son peuple, déclare, de la manière la plus
» expresse, qu'elle veut consacrer en son entier,
» et sans la moindre atteinte, l'institution de
» l'armée, ainsi que toute autorité, police et
» pouvoir sur le militaire, tels que les Monar-
» ques français en ont constamment joui. »

Après la lecture de cette déclaration, et avant de se retirer, le Roi dit :

« Vous venez, messieurs, d'entendre le ré-
» sultat de mes dispositions et de mes vues;
» elles sont conformes au vif désir que j'ai d'o-

» pérer le bien public ; et si, par une fatalité
» loin de ma pensée, vous m'abandonniez dans
» une si belle entreprise, seul je me considé-
» rerais comme leur véritable représentant ; et
» connaissant vos cahiers et connaissant l'accord
» parfait qui existe entre le vœu le plus général
» de la nation, et mes intentions bienfaisantes,
» j'aurai toute la confiance que doit inspirer
» une si rare harmonie, et je marcherai vers
» le but que je veux atteindre avec tout le cou-
» rage et la fermeté qu'il doit m'inspirer.

» Réfléchissez, messieurs, qu'aucun de vos
» projets, aucune de vos dispositions ne peu-
» vent avoir force de Loi sans mon approba-
» tion spéciale. Ainsi, je suis le garant naturel
» de vos droits respectifs, et tous les Ordres de
» de l'Etat peuvent se reposer sur mon équita-
» ble impartialité. Toute défiance de votre part
» serait une grande injustice ; c'est moi jusqu'à
» présent qui ai fait tout le bonheur de mes
» peuples, et il est rare peut-être que l'ambi-
» tion d'un Souverain soit d'obtenir de ses sujets
» qu'ils s'entendent enfin pour accepter ses
» bienfaits.

» Je vous ordonne, messieurs, de vous sépa-
» rer tout de suite, et de vous rendre demain
» matin chacun dans les chambres affectées à
» votre Ordre, pour y prendre vos séances.

» J'ordonne en conséquence au grand-maître
» des cérémonies de faire préparer les salles. »

CHAPITRE XXIII.

Accueil Contemporain fait à cette Déclaration, et Réflexions à ce sujet.

Ce n'était pas le fonds de cette déclaration qu'il était possible de critiquer ; certes elle était autrement libérale que les chartes de 1814 et 1830, sans parler des constitutions consulaires et impériales introductrices du monopole électoral, et par suite de *l'oligarchie*.

La division des Ordres appelés à délibérer séparément ne pouvait être un prétexte légitime de mécontentement : ce mode de délibération ne pouvait être que provisoire, et les circonstances le rendaient nécessaire. Le clergé et la noblesse ayant annoncé la résolution de faire le sacrifice de leurs priviléges pécuniaires, il était convenable de sauver ces sacrifices du reproche de toute violence ; mais les charges publiques allant devenir communes aux trois Ordres, et toute différence d'intérêts allant disparaître, la division des chambres tombait nécessairement avec la cause ; ou bien si cette division eût été maintenue, elle ne présentait aucun véritable danger.

Ce fut le langage impératif du Roi qui servit de texte aux novateurs pour irriter l'esprit public.

On ne voulut pas comprendre que Louis XVI, héritier de la plénitude du pouvoir législatif ne pouvait, même en abdiquant son exercice exclusif, *parler autrement qu'en* LÉGISLATEUR.

Malheureusement il venait, dans cette déclaration si loyale, de gratifier, *fort improprement*, les députés aux Etats généraux du titre de *Représentans de la Nation*.

Le conseil de Louis XVI n'avait pas calculé toute l'importance que cette dénomination allait donner aux députés.

Mirabeau plus avisé que le conseil, en comprit toute l'étendue, et s'abandonnant aussitôt à un de ces mouvemens d'improvisation oratoire propres à électriser une grande assemblée aussi novice dans la carrière politique, qu'avide de popularité, il répondit au grand maître des cérémonies quand il vint, au nom du Roi, renouveler à l'assemblée l'ordre de se séparer.

« Allez dire à *votre maître* que nous sommes » ici *par la volonté du Peuple*, et que nous » n'en sortirons que forcés par la puissance » des baïonnettes. »

Cet apostrophe animée par le geste et le ton de l'orateur, eut un effet magique : l'immense majorité de l'assemblée s'y associa par une bruyante adhésion.

Dès ce moment LOUIS XVI fut moralement détrôné !

Le fait matériel ne fut plus qu'une question de temps, dont la solution ne pouvait tarder.

Les députés s'exagérant leur origine et leur mission, et fondés en apparence dans cette exagération, par le titre de *Représentans de la Nation* que venait gratuitement de leur conférer le ROI, se constituèrent en *Assemblée Nationale représentant la population toute entière.*

Comme, dans cet ordre d'idées, *le Roi ne représentait plus rien du tout*, il ne parut, alors, aux yeux de la foule égarée que comme un ennemi public, dont il fallait annuler l'autorité, pour prévenir l'abus qu'on le supposait, injurieusement, capable d'en faire.

La souveraineté du peuple fut proclamée et acceptée par la multitude comme *une conquête immense* ; l'homme le plus obscur en conclut qu'il allait échanger son modeste vêtement contre un manteau royal, et sa chaumière contre un palais.

L'opinion publique qui, faute de connaître les abus des autres gouvernemens, s'exagérait ceux de la monarchie, ne doutait point que le régime de la souveraineté du peuple ne dût être un modèle de sagesse, et d'économie propre à renouveler l'âge d'or.

Cette erreur était bien excusable alors ; les questions politiques étaient toutes neuves ; peu de personnes les avaient encore abordées : dans les masses, les passions s'en emparaient avec la violence qui leur est naturelle, et les commentaires les plus extravagans étaient le plus favorablement accueillis. Les avertissemens de la sagesse étaient repoussés, non-seulement avec dédain, mais avec outrage. Les illusions ne se dissipent que par l'expérience et la comparaison des faits. Il y faut le creuset du temps; encore ne suffit-il pas toujours à faire l'éducation publique! N'avons-nous pas vu, après la révolution de 1830, renouveler les espérances des plus larges économies? du gouvernement à bon marché? de la jouissance la plus complète de la liberté individuelle, comme de celle de la presse? du reculement de nos frontières? de la réintégration de la France au premier rang des puissances européennes, etc., etc.?

Que d'illusions! et qu'on ne s'étonne plus de celles de 1789!

On crut, avoir conquis sur Louis XVI non-seulement *ce qu'il ne disputait pas*, mais *ce qu'il proclamait*, de son propre mouvement, être *le droit de la nation*.

On sait, enfin, ce que sont devenues *ces libertés conquises*, entre les mains DES CONQUÉRANS!

Le Peuple proclamé Souverain ne se doutait guère que, *dix ans après*, sa souveraineté serait confisquée au profit d'un soldat ambitieux.

Que les mêmes tribuns qui avaient envoyé Louis XVI à l'échafaud, élèveraient un trône impérial, dont ils seraient les premiers esclaves!

Qu'après avoir proscrit les titres de noblesse, spolié et décimé les anciens titulaires, ils accepteraient non-seulement leurs titres, mais se laisseraient adjuger leurs propriétés pour apanages ou pour majorats !

Que lui, Peuple souverain de 1789, rentrerait dans la condition des anciens serfs, dont il avait dû l'affranchissement à ses Rois.

Que l'exercice des droits politiques n'appartiendrait plus qu'à 150 mille privilégiés de la fortune.

Que plus tard, et en 1830, les professeurs en libéralisme, après l'avoir provoqué à l'insurrection, sous le prétexte de le réintégrer dans l'exercice de ses droits, ne lui contesteraient plus, au moment du triomphe, sa souveraineté; qu'ils l'inscriraient, au contraire, dans une belle pancarte publique affichée sur tous les murs; mais que, par compensation, ils le déclareraient, *vu son ignorance et son imbécillité*, incapable de concourir, même au choix de ses députés, et n'accorderaient ce privilége qu'à 160 ou 180 mille des plus gros contribuables.

Que ces professeurs en libéralisme s'érigeraient, eux personnellement, en tuteurs nécessaires du peuple souverain *devenu mineur*, *immédiatement après la manifestation de sa virilité !*

Que toutes ces belles choses ne se passeraient point, *à huis clos*, *en comité secret*, mais au plus grand jour, à la face du peuple présent, et écoutant !

Qu'au surplus, et toujours par forme de compensation, les professeurs en libéralisme lui assigneraient le premier rang parmi les peuples du monde, au moment même où ils lui expédieraient *publiquement son Brevet d'ignorance et d'incapacité !*

Enfin, ce peuple ne se doutait guère que, pour sortir d'une position qui le livre à la risée de l'Europe, il n'aurait point de meilleur expédient que d'invoquer cette même déclaration si loyale, si libérale de LOUIS XVI dédaigneusement repoussée en 1789, et de demander sa réintégration dans l'exercice des droits légitimes qu'elle avait proclamés !

Indocti discant, ament meminisse periti !

Résumé.

Nous avons exposé les faits consommés depuis 1789 et qui démontrent, jusqu'à l'évidence, les vices du gouvernement représentatif, soit constitutionnel.

Voici le point de départ !

Les dépenses publiques montent à 610 millions en 1789.

Le Roi les trouve excessives, et veut les diminuer.

Héritier de *toute la puissance législative*, il répudie l'exercice de cet immense pouvoir, et se méfie de ses propres ministres ; il veut réintégrer la France dans son ancienne constitution.

Lex consensu populi fit, et constitutione regis.

Il convoque les députés aux Etats généraux.

Il explique ses intentions ; savoir :

Respect pour toutes les propriétés.

Foi gardée à tous les créanciers de l'Etat.

Egalité complète pour tous les Français dans la participation aux charges publiques.

Renonciation de sa part à tout acte arbitraire.

Liberté individuelle religieusement respectée.

Concours de tous les contribuables directs au choix des députés aux Etats généraux.

Lois et charges publiques subordonnées à l'acceptation de ces députés.

Administration des affaires locales dévolue exclusivement A DES ADMINISTRATEURS ISSUS DU CHOIX DES CONTRIBUABLES.

Gouvernement général au ROI.

LOUIS XVI indique les institutions propres à l'accomplissement de ses nobles desseins.

On les repousse avec dédain : le ROI périt victime de sa sollicitude pour l'intérêt de la France.

En *Voici les conséquences!*

De 1792 à 1795, spoliation de toutes les propriétés, publiques et privées. Proscriptions, incarcérations générales ; échafauds permanens, mitraillades et noyades!

Banqueroute de deux tiers à tous les créanciers de l'Etat ; et pour compensation ; brillans faits d'armes, conquêtes éphémères terminées par deux invasions territoriales !

Enfin, *voici le point d'arrivée au moment présent.*

Dépenses publiques ; 14 à 15 cent millions au lieu de 610 millions.

La liberté individuelle, dans une partie de la

France, à la merci des brigadiers de Gendarmerie, et partout ailleurs subordonnée aux agens de l'autorité ministérielle.

Droit d'élection des députés réservé à 150 ou 180 mille Français.

Six à 7 millions de contribuables directs rejetés comme incapables d'exercer ce droit, et rentrés dans la condition des serfs.

L'administration publique exclusivement exercée par des créatures ministérielles et concentrée dans les bureaux de Paris.

Un Roi qui *règne sans gouverner!* dominé par ses propres ministres, et subissant leurs caprices.

Une chambre oligarchique investie de l'omnipotence, de sa propre autorité; faisant et défaisant les lois; ôtant et donnant la couronne; représentant, *à ce qu'elle dit*, le peuple souverain, malgré lui!.....

Hommes sincères de toutes les nuances d'opinion comparez et jugez!

Que l'esprit de parti s'humilie pour reconnaître, avec nous, que dans la déclaration de Louis XVI du 23 juin 1789 se trouve le type du gouvernement le plus parfait que des hommes raisonnables puissent désirer.

Nous avons indiqué les institutions que nous croyons les plus propres à réaliser les intentions bienfaisantes manifestées dans cette déclaration.

Nos combinaisons n'ont eu d'autre objet que d'assurer, à tous, la jouissance des droits proclamés par Louis XVI.

Républicains que voulez-vous de plus? le pouvoir.

Quel usage les républicains vos devanciers en ont-ils faits?

Prétendriez-vous être plus sages? mais, eux aussi se croyaient purs et désintéressés! eux aussi se disaient les amis les plus ardens des libertés publiques!

Que sont-elles devenues entre leurs mains?

Que sont-elles devenues entre les mains des professeurs de libéralisme, dont vous fûtes les disciples, et dont vous avez payé, de votre sang, l'exaltation au pouvoir?

Comment trouvez-vous qu'ils exercent ce pouvoir?

Vous voulez, au mépris de la sentence portée par J.-J. Rousseau contre la démocratie, l'essayer en France!

Mais souvenez-vous donc qu'il la déclare impraticable parmi des hommes, et que l'expérience a confirmé son opinion.

Abandonnez vos utopies devenues désormais effrayantes! vous ne faites que retarder la réintégration de la France dans l'exercice de ses droits légitimes!

Si vous parveniez à saisir le pouvoir par la violence, il se briserait bientôt entre vos mains, comme en celles de vos devanciers!

Oppresseurs un jour, vous seriez, comme eux, opprimés le lendemain.

Ralliez-vous à la vieille monarchie, si vous êtes sincèrement amis des libertés publiques! nul autre gouvernement n'est aussi compatible avec elles!....

Royalistes qui avez cru que la volonté générale était un élément de désordre! détrompez-vous!

La monarchie que vous aimez n'a disparu, que quand la volonté générale a été violée.

Ne craignez pas de faire, à cette volonté, un appel loyal! tant qu'elle ne sera ni violée, ni surprise, il n'en sortira jamais d'autre gouvernement que la monarchie.

Le problème à résoudre est de protéger la libre manifestation de la volonté générale : elle ne faillira pas à la royauté!

Provoquez donc cette manifestation, par tous les moyens en votre pouvoir!

La Nation sympathique avec la déclaration de LOUIS XVI doit en réclamer les bienfaits! elle les obtiendra sous les auspices, non de l'émeute, mais de la justice et de la raison, et le gouvernement de la France ramené à ce programme, deviendra alors le modèle des peuples, comme des Rois!

TABLE

DES MATIÈRES

ET

SOMMAIRE DE L'OUVRAGE.

Introduction.

CHAPITRE I.er

traire provenues de sa violation. Volonté générale génératrice infaillible de la monarchie. Cause de cette filiation. Identité d'intérêts entre la monarchie et la volonté générale. La plus grande servitude du peuple commence quand la monarchie disparaît, et la monarchie ne disparaît que quand la souveraineté du peuple est violée. *Page* **1**.

CHAP. II.

Le seul acte de souveraineté possible à un peuple est la délégation de son exercice, à un ou à plusieurs magistrats. Toutes les républiques anciennes et modernes, toutes les monarchies dites constitutionnelles n'ont été, ne sont, et ne peuvent être que des oligarchies. Usurpation, par les députés de 1789, du titre de représentans du peuple et de l'initiative des lois; attributs exclusifs et indispensables de la royauté. Identité de l'oligarchie et du despotisme. Les Français retombés, sous l'oligarchie, dans la condition des anciens serfs. Les députés du monopole substitués aux seigneurs de paroisses. La royauté asservie par l'oligarchie. Nécessité pour la royauté d'imiter les exemples donnés par les rois de la 3.e race, et d'affranchir les communes pour s'affranchir, elle-même, de la dépendance de l'oligarchie. *Page* **9**.

CHAP. III.

Ancienne Constitution Française, résumée dans le cap. an 864, art. 6, par ces mots: *Lex consensu populi fit et constitutione regis*; la

CHAP. IV.

CHAP. V.

FIN.

www.ingramcontent.com/pod-product-compliance
Ingram Content Group UK Ltd.
Pitfield, Milton Keynes, MK11 3LW, UK
UKHW031048260726
13965UKWH00006B/799